誰でもできる！
Dropbox Business 導入ガイド

株式会社サテライトオフィス　監修

日経BP社

はじめに

　クラウドは、いまでは私たちの生活や仕事に欠かせない存在です。スマートフォンで撮影した画像をすぐに保存できるのも、タブレットで音楽や映画をいつでもどこでも楽しめるのも、クラウドのおかげです。

　本書で解説したDropbox（ドロップボックス）も、こうしたクラウドサービスの1つです。Dropboxが誕生したのは2007年で、日本語に正式対応したのが2011年4月。それから約6年が経過しましたが、その間にファイル保存の考え方は、大きく変わりました。

　昔は、ローカルに保存してクラウドは補助、あるいはバックアップ的な意味合いが強かったのが、現在では、その関係は逆転しています。このトレンドは、ビジネスの世界にも波及しています。これまでは、重要なファイルをクラウド（社外）に保存することなど考えられなかったのに、いまでは「クラウドの方が安全」が常識になりつつあります。

　ただし、会社のファイルをクラウドに保存する以上、やはり、いろいろ考えるべきことはあります。セキュリティやガバナンスはもちろん、端末の紛失や人事異動への対応も必要ですし、ログもとる必要があります。一方で、在宅勤務の社員や社外のパートナーと安全にファイルを共有する必要もあります。

　そこで登場したのが、企業向けのDropbox Businessです。Dropbox Businessには、企業がDropboxを安全かつ効率的に活用するために必要な、さまざまな機能が用意されています。これまで、個人向けDropboxの活用に二の足を踏んできた企業も、安心して活用できます。

　本書では、このDropbox Businessについて、基本操作から便利な活用法、セキュリティ・管理機能までを説明しました。ビジネスでDropbox活用したいすべての企業のお役に立てれば幸いです。

2017年3月

井上健語、池田利夫、岡本奈知子

監修者から

　一般ユーザー向けのクラウドサービスを会社の許可なく、社員が無断で使用する「シャドーIT」が猛威を振るっています。クラウドサービスはさまざまな端末から、インターネットを経由して「いつでも」「どこでも」利用できるという利便性がある反面、ユーザーがクラウド上に保存した機密情報が意図せず外部から閲覧可能になるといった情報漏えいの問題が多発しているのです。

　メール、チャットなどクラウドサービスはさまざまですが、中でも一般ユーザー向けのファイル共有サービスであるDropboxは、企業の現場で「シャドーIT」としての利用が全体の15%もあるとの統計もあります。機密情報が意図せず外部から閲覧可能になる情報漏えいに加えて、社員が退職する際のデータ流失というリスクも抱えています。

　世界中で5億人が利用するDropbox。その企業/ビジネス版がDropbox Businessです。管理機能を充実させ、PC紛失時や退職時のファイルの遠隔削除、他のクラウドシステムとのシングルサインオン・ログイン制限もそれぞれ可能となっています。

　「シャドーIT」対策だけでなく、①容量無制限のファイルサーバー機能、②外部との大容量ファイル転送機能、③Windows/MacPC／スマートフォン／タブレットで快適に利用、④同期スピードが独自テクノロジーにより圧倒的に高速、といった数々の特徴もあります。

　本書では、Dropbox Businessが登場した背景から、管理者機能の説明とその設定方法、モバイルアプリの利用までを詳しく紹介しました。また、導入事例は当社を含めて3社ご紹介しています。実際の利用シーンを感じ取っていただければと思います。

　今後、導入を検討されている方、すでに導入されていても「まだまだ活用しきれていない」とお感じの方に、本書が活用されることを願っています。

株式会社サテライトオフィス

目次

はじめに .... (3)

第1章 Dropbox Businessを始めよう 1

1-1 Dropboxとは? Dropboxの特徴は? 2
- **1-1-1** クラウドとは? 2
- **1-1-2** クラウドストレージとは? 2
- **1-1-3** クラウドストレージの先駆者DropboxがユーザーにDropboxが支持されている理由 3
- **1-1-4** ビジネスでの利用が本格化 5
- **1-1-5** Dropboxのプランによる違い 6

1-2 Dropbox Businessのメリット 7
- **1-2-1** Dropbox Businessとは 7
- **1-2-2** Dropbox Businessにだけできること 7

1-3 Dropbox Businessの利用方法 11
- **1-3-1** Dropbox Businessを始めよう 11
- **1-3-2** 30日間無料トライアルに申し込む 14

第2章 日々の業務でDropboxを利用する 17

2-1 フォルダの管理 18
- **2-1-1** チームフォルダと通常のフォルダの違いを理解する 18
- **2-1-2** 新しいフォルダを作成する 19
- **2-1-3** フォルダの名前を変更する 21
- **2-1-4** フォルダを削除する 23
- **2-1-5** フォルダを移動する/コピーする 24

2-2 ファイルの表示・編集・管理 26
- **2-2-1** ファイルをアップロードする(ドラッグ&ドロップを使う) 26
- **2-2-2** ファイルをアップロードする(ファイルを指定する) 27
- **2-2-3** ファイルを閲覧する 29
- **2-2-4** ファイルの名前を変更する 32
- **2-2-5** ファイルを削除する 34
- **2-2-6** ファイルを移動する/コピーする 36
- **2-2-7** ファイルを以前の状態に戻す(復元する) 39

2-3 削除したフォルダやファイルの管理 … 41
- 2-3-1 削除したフォルダやファイルを表示する（特定のフォルダでの操作）… 41
- 2-3-2 削除したフォルダやファイルを復元する（特定のフォルダでの操作）… 42
- 2-3-3 削除したフォルダやファイルを完全に削除する（特定のフォルダでの操作）… 44
- 2-3-4 削除したフォルダやファイルを表示する（「削除したファイル」での操作）… 45
- 2-3-5 削除したフォルダやファイルを復元する（「削除したファイル」での操作）… 47
- 2-3-6 削除したフォルダやファイルを完全に削除する（「削除したファイル」での操作）… 48

2-4 フォルダやファイルの共有 … 50
- 2-4-1 ユーザーを指定してフォルダを共有する … 50
- 2-4-2 ユーザーを指定してファイルを共有する … 54
- 2-4-3 リンクを使ってフォルダやファイルを共有する … 56
- 2-4-4 共有フォルダの権限を変更する（編集可能/閲覧可能/所有者に指定する）… 58
- 2-4-5 共有フォルダからメンバーを削除する … 60

2-5 ファイルリクエストの活用 … 64
- 2-5-1 ファイルリクエストでファイルを受け取る・収集する … 64
- 2-5-2 ファイルリクエストに従ってファイルをアップロードする … 66
- 2-5-3 アップロードされたファイルを確認する … 68
- 2-5-4 ファイルリクエストの相手を追加する … 69
- 2-5-5 ファイルリクエストを終了する … 70

2-6 コメントを利用した共同作業 … 71
- 2-6-1 ファイルにコメントを追加する … 71
- 2-6-2 ファイルにコメントを付けて特定の相手に通知する … 74
- 2-6-3 ファイルの特定の箇所にコメントを追加する … 76

2-7 グループを利用する … 79
- 2-7-1 グループを作成する … 79
- 2-7-2 グループにメンバーを追加する … 81
- 2-7-3 グループに参加する … 82
- 2-7-4 グループから退会する … 84
- 2-7-5 メンバーをグループから削除する … 86
- 2-7-6 グループの名前を変更する … 87
- 2-7-7 グループを削除する … 89
- 2-7-8 他のメンバーをグループのマネージャーに指定する … 90

2-8 Dropboxのセキュリティと設定 … 93
- 2-8-1 2段階認証を有効にする … 93
- 2-8-2 紛失したデバイスの同期を停止し、Dropboxのファイルを削除する … 97
- 2-8-3 アプリとのリンクを確認する/解除する … 99
- 2-8-4 プロフィール写真を登録する … 100
- 2-8-5 プロフィールの写真を削除する … 102
- 2-8-6 パスワードを変更する … 103
- 2-8-7 パスワードを忘れたときの対処 … 104
- 2-8-8 ストレージの容量を確認する … 106
- 2-8-9 個人用のDropboxと企業用のDropboxをリンクする … 107

2-9 Dropboxのデスクトップアプリの活用 …… 110
- 2-9-1 デスクトップアプリの設定画面を表示する …… 110
- 2-9-2 クラウドと同期するフォルダを指定する（選択型同期） …… 112
- 2-9-3 スマートシンクの動作を設定する …… 113
- 2-9-4 スクリーンショットを自動的にDropboxに保存する …… 116
- 2-9-5 Dropboxバッジの設定を変更する …… 117

第3章 管理者として作業する …… 121

3-1 管理コンソールの使い方とヘルプ …… 122
- 3-1-1 管理コンソールを利用する …… 122
- 3-1-2 ヘルプを確認する/サポートを受ける …… 128

3-2 チームの管理 …… 131
- 3-2-1 チームにメンバーを招待する …… 131
- 3-2-2 招待された側の設定：個人のDropboxアカウントを持っていない場合 …… 132
- 3-2-3 招待された側の設定：個人のDropboxアカウントを持っている場合 …… 134
- 3-2-4 他のメンバーに管理者権限を追加する …… 136
- 3-2-5 特定のメンバーの代理としてログインする …… 138

3-3 チームフォルダの管理 …… 139
- 3-3-1 チームフォルダを作成する …… 139
- 3-3-2 チームフォルダのアクセス権を設定する …… 141
- 3-3-3 チームフォルダをアーカイブする …… 143
- 3-3-4 アーカイブしたチームフォルダを復元する/完全に削除する …… 144

3-4 チーム活動の監視 …… 146
- 3-4-1 特定の日の特定のメンバーの活動を確認する …… 146
- 3-4-2 活動のレポートを作成する …… 149

3-5 企業管理グループの利用 …… 151
- 3-5-1 企業管理グループを作成する …… 151
- 3-5-2 企業管理グループからメンバーを削除する …… 153
- 3-5-3 企業管理グループをユーザー管理グループに切り替える …… 155

3-6 Dropboxのセキュリティと設定 …… 157
- 3-6-1 メンバーが紛失したデバイスの同期を停止し、Dropboxのファイルを削除する …… 157
- 3-6-2 メンバーのDropboxの使用を停止する …… 159
- 3-6-3 メンバーの使用停止を解除する …… 160
- 3-6-4 メンバーを削除する …… 161
- 3-6-5 削除したメンバーを復元する …… 162
- 3-6-6 メンバーに2段階認証を強制する …… 163
- 3-6-7 2段階認証を要求されたメンバー側の操作 …… 165
- 3-6-8 2段階認証の強制を無効にする …… 168
- 3-6-9 メンバーの2段階認証をリセットする（デバイスを紛失したときの対応） …… 170
- 3-6-10 特定のメンバーのパスワードをリセットする …… 171

3-6-11	メンバーがグループを作成できないようにする	173
3-6-12	ファイルリクエスト機能の有効/無効を設定する	174
3-6-13	メンバー1人が使えるデバイスの台数を制限する	176
3-6-14	1台のパソコンで個人/企業用の2つのDropboxアカウントを利用できないようにする	178
3-6-15	シングルサインオンを有効にする	179
3-6-16	共有方法の初期設定を変更する	182
3-6-17	メンバーにファイルを完全削除させないようにする	184
3-6-18	コメントを追加できないようにする	185
3-6-19	スマートシンクの初期動作を設定する	186

3-7 アカウントの管理 … 188

3-7-1	チームの名前を変更する	188
3-7-2	共有リンクのロゴを登録する	190
3-7-3	ライセンスを追加する	193
3-7-4	支払い方法を変更する	194
3-7-5	請求書・領収書を確認する	196

第4章 モバイルアプリを利用する … 199

4-1 さまざまな端末からアクセスする … 200

| 4-1-1 | モバイルアプリの種類 | 200 |

4-2 ファイルの表示、アップロード … 201

4-2-1	ファイルを表示する	201
4-2-2	ファイルをアップロードする	202
4-2-3	カメラで撮影した画像をアップロードする	203
4-2-4	ファイルをコピー/移動する	204

4-3 ファイルの共有、コメント … 207

| 4-3-1 | ファイルを共有する | 207 |
| 4-3-2 | ファイルにコメントを付ける | 208 |

4-4 個人用と企業用のDropboxを切り替える … 210

| 4-4-1 | 個人用と企業用のDropboxをリンクする | 210 |
| 4-4-2 | 個人用と企業用を切り替える | 212 |

第5章 Dropbox Business 導入事例 … 213

5-1 映像作品のアップロード先として活用 … 214
5-2 BCP対策として地震などの災害に備える … 216
5-3 お客様とのやりとりや社内ファイルサーバーとして活用 … 219

索引 … 221

Chapter 1

Dropbox Businessを始めよう

Dropboxは、クラウドストレージサービスのパイオニアです。本章では、Dropboxの特徴を整理するとともに、ビジネス向けの「Dropbox Business」が登場した背景と、その特徴を説明します。

- Dropboxとは？ Dropboxの特徴は？
- 企業向けのDropbox Businessのメリット
- Dropbox Businessの利用方法

1-1 Dropboxとは？ Dropboxの特徴は？

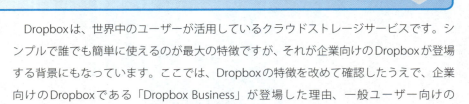

　Dropboxは、世界中のユーザーが活用しているクラウドストレージサービスです。シンプルで誰でも簡単に使えるのが最大の特徴ですが、それが企業向けのDropboxが登場する背景にもなっています。ここでは、Dropboxの特徴を改めて確認したうえで、企業向けのDropboxである「Dropbox Business」が登場した理由、一般ユーザー向けのDropboxにはない独自の特徴・機能を説明します。

1-1-1 クラウドとは？

　高速な無線ネットワークの拡大、iPhoneやAndroidなどのスマートデバイスの普及により、いつでもどこでもインターネットを利用できる環境が整備されました。それによって、コンピュータの世界にも大きな変化が訪れました。それが、クラウドの台頭です。

　これまでのコンピュータは、それぞれのデバイスが個別にCPU、メモリ、ストレージなどのコンピュータリソースを持ち、データを処理していました。それは今でも変わりませんが、24時間365日、コンピュータが高速インターネットに接続できるようになった結果、CPU、メモリ、ストレージなどのリソースが、徐々にインターネット側に移行するようになったのです。

　これが「クラウド」です。雲（クラウド）の向こうには巨大なデータセンターがあり、膨大な量のCPU、メモリ、ストレージなどのコンピュータリソースがプールされています。ユーザーは、手元のコンピュータやスマートデバイスを使ってクラウドにアクセスし、こうしたコンピュータリソースを、必要なときに必要な量だけ利用できるようなりました。手元のコンピュータが低スペックでも、クラウドのコンピュータリソースを利用することで、大量のデータをより高速に処理できるようになったのです。

1-1-2 クラウドストレージとは？

　中でも、私たちの生活や働き方を大きく変えたのがストレージです。手元のパソコンやスマートデバイスのハードディスクやSSDなどの記憶装置を「ローカルストレージ」と呼ぶのに対し、クラウドで利用できる記憶装置を「クラウドストレージ」とか「オンラインストレージ」と呼びます。クラウドストレージを利用すると、次のようなメリットがあります。

- ローカルストレージの容量が小さいパソコンやスマートデバイスでも、大きいデータを扱える。
- 複数のデバイスで同じデータを扱える。

たとえば、スマートフォンで画像や動画をどんどん撮影していたら、いずれローカルストレージはいっぱいになります。しかし、クラウドストレージに保存すれば、原理的には無限にデータを保存できます（実際には契約などにより上限があります）。

また、クラウドストレージに保存したデータは、さまざまなデバイスからアクセスできます。たとえばスマートフォンで撮影した画像を自宅のパソコンで確認したり、仕事先に持っていったタブレットでスライド表示したりすることが簡単にできます。

1-1-3 クラウドストレージの先駆者 Dropbox が ユーザーに支持されている理由

ここで登場するのが、本書のテーマであるDropboxです。いうまでもなく、Dropboxはクラウドストレージの先駆者です。現在、いくつかの企業がクラウドストレージを提供していますが、この新しい市場を切り開き、ここまで牽引してきたのは、間違いなくDropboxです。

DropboxのWebサイト。クラウドストレージの市場を切り開いたサービスです。

Dropboxを提供するDropbox,inc.が設立されたのは2007年です。その後、2008年3月にクローズドベータを開始し、同年9月には正式にサービスがスタートします。そして、

2011年4月に日本語に正式対応しました。Dropboxがこれだけ広く利用されているのは、次のような特徴を持っているからです。

- **とにかくデータの同期が簡単**

Dropboxには、WindowsやMacなどのパソコンにインストールするデスクトップ版アプリが提供されています。このアプリを導入すると、Dropboxをローカルストレージのように利用できます。具体的には、ローカルのDropboxのフォルダにファイルを保存するだけで、すぐにクラウドと同期されます。ユーザーは、新しい操作方法を覚える必要はありません。この簡単さが、Dropboxが支持されている大きい理由の1つです。

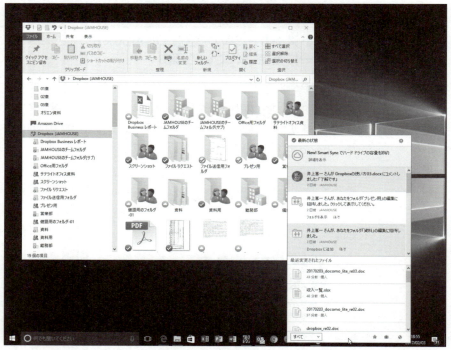

Windows用のデスクトップ版Dropboxアプリです。Dropboxをローカルディスクと同様に扱えます。

- **同期が高速**

Dropboxを使っていて、特に実感できるのが同期の速さです。たとえば、筆者は実際にWindowsマシン2台、Mac1台、iPhone1台、iPad1台を常時利用していて、すべてにDropboxのアプリを入れています。通常、すべてのデバイスは同一のWi-Fi環境で使っていますが、1台のデバイスでDropboxのフォルダにファイルを保存すると、ほぼ一瞬

で他のデバイスでも同じファイルが利用できます。

　同じことは、WindowsやMacでLANを構築し、フォルダを共有すればできますが、その手間を考えると、Dropboxを使った方が圧倒的に簡単で高速です。

　これは、DropboxがWi-Fi環境を利用してファイルを同期するからです。同じWi-Fi環境に同じDropboxアカウントを持つデバイスがあると、Dropboxはクラウドを経由することなく、高速なWi-Fiを使ってデバイス間でファイルを同期し、バックグラウンドでクラウドと同期するのです。とても頭がいい仕組みだと思います。

　もちろん、屋外などで4Gなどのモバイル通信を使う場合も高速です。ファイルを同期する際、Dropboxはファイルを分割して必要な部分だけを同期します。たとえば、サイズの大きい画像ファイルの同期中に通信が途絶えると、次につながったとき、データの続きから同期を再開します。これに対し、他のクラウドストレージの中には、同期をはじめからやり直すものもあるようです。このため、同期に時間がかかってしまうのです。

- **ファイル共有が簡単**

　手軽にファイルを共有できるのも、Dropboxの特徴です。たとえば、画像ファイルをDropboxに保存し、共有したい相手のメールアドレスを指定すれば、それだけで画像を共有できます。また、Dropboxに保存したファイルのURLを発行し、それを相手に伝えれば、Dropboxを使っていない人ともファイルを共有できます。

　Dropboxのファイル共有は、仕事でも利用されています。特にメールの添付ファイルで送ることが難しいサイズの大きいファイルを、Dropboxで送るビジネスパーソンは少なくありません。

1-1-4　ビジネスでの利用が本格化

　多くのユーザーに支持されているDropboxですが、最近はDropboxの使い方に変化が起きています。それは、ビジネスで利用するユーザーが急増していることです。これまで、個人でDropboxを使っていたユーザーが、仕事でもその利便性を活用する動きが活発化しているのです。

　使い方が簡単で同期が高速、巨大なファイルも手軽に共有できる。こうしたメリットを経験したら、仕事で使いたいと考えるのは自然なことです。ただし、それにはちょっと問題があります。

　たとえば、使い方が簡単なので、仕事のファイルも簡単に共有できてしまいます。複数のデバイスで使えるので、自宅のパソコンや個人所有のiPhoneなどで、重要なデータにアクセスできてしまいます。こうした状態は、企業の情報システム部門が管理できて

いない隠れたITという意味で「シャドウIT」と呼ばれることがあります。もちろん、企業にとってシャドウITは、セキュリティ面でもガバナンスの面でも大きな問題です。

そこで登場したのが、企業向けのDropbox Btsinessです。その詳細は次項以降で説明します。以下では、まず、Dropboxで選択できるプランについて、まとめておきましょう。

1-1-5 Dropboxのプランによる違い

Dropboxには、大きく個人向けと企業向けのプランが用意されています。表1に、各プランの主な特徴と本書の関連ページを整理しました。なお、本書では、企業向けのDropbox Business（Standard/Advacnced/Enterprise）を中心に解説しています。

表1-1　Dropboxの主なプラン

個人向け	
Dropbox Basic （無料）	2GBのストレージを無料で利用できるプランです。デスクトップ版アプリを利用すれば、2GBまでであれば、有料版と同じようにパソコンでファイルの同期ができます。もちろん、スマートフォンやタブレットなど複数のデバイスでも、Dropboxのファイルにアクセスできます。
Dropbox Plus （1000円/月 1ユーザー）	1TBのストレージを利用できます。また、遠隔削除、リンクのパスワード保護、有効期限が設定できるリンクなど、Dropbox Basicよりも高いセキュリティ機能を利用できます。個人で大容量のストレージをより安全に使いたい場合は、Dropbox Plusが便利です。
企業向け（Dropbox Business）	
Standard （1250円/月から 最小5ユーザー）	小規模な組織・企業や中堅・中小企業向けのプランです。また、大手企業でも部門単位などの部分的な導入にも適しています。Dropbox Plusの全機能に加えて、次のような機能が利用できます。 ・ストレージ容量2TB ・バージョン履歴とファイルの復元（120日間）（「2-3　削除したフォルダやファイルの管理」） ・権限の詳細設定（「2-4-4　共有フォルダの権限を変更する（編集可能/閲覧可能/所有者に指定する）」） ・スマートシンク（「2-9-3　スマートシンクの動作を設定する」） ・チームフォルダ（「2-1-1　チームフォルダと通常のフォルダの違いを理解する」） ・管理コンソール（「3-1-1　管理コンソールを利用する」） ・企業管理グループ（「3-5　企業管理グループの利用」）など
Advanced （2000円/月から 最小5ユーザー）	より詳細な管理機能、監査機能が必要な場合は、Advancedが適しています。管理者権限を階層化できるので、複数の管理者が必要な企業に向いています。Standardのすべての機能に加えて、次のような機能が利用できます。 ・必要に応じて容量の増量が可能 ・デバイスの承認（「3-6-13　メンバー1人が使えるデバイスの台数を制限する」） ・管理者権限の階層化（「3-2-4　他のメンバーに管理者権限を追加する」） ・ユーザーの代理ログイン（「3-2-5　特定のメンバーの代理としてログインする」） ・シングルサインオン（「3-6-15　シングルサインオンを有効にする」） ・電話サポートなど
Enterprise （価格は個別対応）	大手企業向けのプランです。Advancedの全機能に加えて、エンタープライズモビリティ管理（EMM）やネットワーク制御、専用のサポートなどが利用できます。

1-2　企業向けのDropbox Businessのメリット

　ここでは、企業向けに開発されたDropbox Business（Standard/Advanced/Enterprise）に絞って、その特徴を説明します。Dropbox Businessを利用することで、個人向けのDropboxでは解決できない企業におけるさまざまな課題を解決できるとともに、より効率的かつ安全にDropboxを利用することができます。

1-2-1　Dropbox Businessとは

　前述したように、企業で個人向けのDropboxを利用することには、いくつかの問題があります。企業で利用する以上、企業で求められるセキュリティと管理機能が必要になるからです。

　そこで開発されたのが、企業向けのDropboxです。企業向けのDropbox Businessには、Standard/Advanced/Enterpriseの3種類があります。「Dropbox Business Standard」は、10人程度の小さい組織から中小企業に向いています。1組織や企業の全員で2TBは使用しないとわかっている場合は、「Dropbox Business Standard」でも問題ないでしょう。

　「Dropbox Business Advanced」は、より高度な管理機能が必要な企業に向いています。特に管理者権限を他のメンバーに付与してグループ単位で管理きるので、人数が多い場合は、「Dropbox Business Advanced」が向いています。

　「Dropbox Business Enterprise」は大手企業向けで、契約方法も個別になります。機能や操作性は本書の内容が参考になりますが、契約方法については、個別にお問い合わせください。

1-2-2　Dropbox Businessにだけできること

　Dropbox Businessには、個人向けのBasicとPlusの機能がすべて含まれています。したがって、これまでBasicやPlusを使っていたのであれば、Dropbox Businessを問題なく利用できます。以下では、BasicとPlusには用意されていないDropbox Business特有の機能について説明します。

● **管理コンソールによる管理機能**

　Dropbox Businessには、管理者が存在します。管理者は、メンバーを登録・削除したり、メンバーが共通で利用できるチームフォルダという特殊なフォルダを管理したりできます。こうした管理者用の機能を利用するために用意されているのが「管理コンソール」です。なお、管理コンソールを利用できるのは、チームの管理者だけです。一般のメンバーは、管理コンソールを利用することはありません。

　Dropbox Businessの管理コンソール。企業向けのさまざまな管理機能、セキュリティ機能が提供されています。

● **複数メンバーによる共同作業**

　Dropbox Businessは、複数のメンバーで利用することを前提に開発されています。たとえば、「チームフォルダ」は管理者だけが作成できる特殊なフォルダで、チームのメンバー全員で自動的にファイルを共有できます。また、「総務部」や「営業部」のような組織単位でメンバーをグループに分けて管理する機能も用意されています。さらに、複数のメンバーで1つのファイルにコメントを設定することもできます。

複数のメンバーでファイルにコメントを設定できます。

- **スマートシンク**

　スマートシンクは、クラウドにあるファイルをローカルのファイルと同様に扱えるようにする機能です。ディスク容量の小さいパソコンで、ローカルのハードディスクを消費することなく、クラウド上の大量のファイルを扱えるようになります。大勢のメンバーで共有フォルダを活用する際には、非常に効果的な機能です。詳細は「2-9-3　スマートシンクの動作を設定する」を参照してください。

- **複数の管理者権限**

　Dropbox BusinessのAdvanced以上では、管理者にも「チーム管理者」「ユーザー管理者」「サポート管理者」が用意されています。メンバー数が多い場合は、これらの管理者権限を他のメンバーに付与することで、組織全体を効率的に管理することができます。

- **バージョン管理と削除ファイルの復元**

　Dropbox Businessでは、ファイルを更新するたびに古いバージョンのファイルが残ります。このため、古いバージョンのファイルを簡単に復元することができます。また、

削除したファイルも残るため、すべての削除ファイルを、復元することができます（完全に削除することも可能です）。なお、復元できる期間は120日間となっています。

- **メンバーのアクティビティ監視**

　企業においては、社員のシステム上での活動を履歴として追跡できることが重要です。Dropbox Businessでは、メンバーがDropbox上で実行したすべての活動は「アクティビティ」として記録されます。管理者は、特定のメンバーや特定の日付のアクティビティを、いつでも確認することができます。

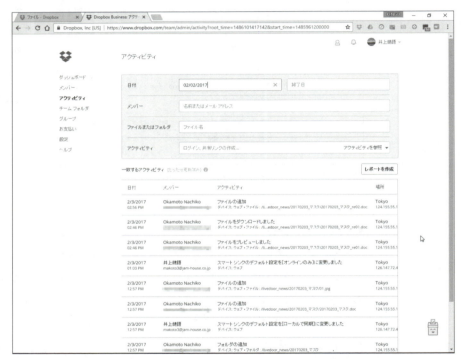

　Dropbox Businessでは、メンバーのすべてのアクティビティを確認できます。

- **遠隔削除などの高いセキュリティ機能**

　さまざまなセキュリティ機能が用意されているのもDropbox Businessの特徴です。たとえば、管理者はメンバー全員に2段階認証を設定させることができます。また、利用できるデバイスの数を制限したり、フォルダやファイルの共用できる範囲を制限したりすることができます。さらに、紛失したデバイスからDropboxを自動的に削除する遠隔削除機能も用意されています。

1-3 Dropbox Businessの利用方法

ここでは、Dropbox Businessを開始するまでの全体的な流れを説明します。より詳細な手順は、本書の関連ページを参照してください。また、30日間無料で利用できるトライアルの利用方法も説明します。

1-3-1 Dropbox Businessを始めよう

- **1. Dropbox Businessに申し込む**

  Dropbox Businessを始めるには、管理者となる方が申し込みます。すでに個人でDropboxを利用している場合は、現在のアカウントを使ってDropbox Businessにアップグレードすることができます。また、Dropbox Business用に新しいアカウントを作成することもできます。なお、Dropbox Businessには、30日間の無料トライアルが提供されているので、まずは無料トライアルを利用することをおすすめします。

  ➡ 30日間無料トライアルに申し込む（「1-3-2　30日間無料トライアルに申し込む」）

- **2. チームのメンバーをDropbox Businessに招待する**

  Dropbox Business（30日の無料トライアルも含む）に申し込むと、申し込んだ人が管理者となります。管理者は、契約したライセンス数の枠内で、チームのメンバーをDropbox Businessに招待することができます。

  ➡ チームにメンバーを招待する（「3-2-1　チームにメンバーを招待する」）

- **3. 招待されたメンバーがDropbox Businessに参加する**

  Dropbox Businessに招待されたメンバーは、招待を承認することで、Dropbox Businessのメンバーになれます。なお、すでに個人でDropboxを利用している場合は、個人用のDropboxをDropbox Businessに移行することも、アカウントを分けて別々に利用することもできます。

  ➡ 招待された側：個人のDropboxアカウントを持っていない場合の設定（「3-2-2　招待された側の設定：個人のDropboxアカウントを持っていない場合」）

  ➡ 招待された側：個人のDropboxアカウントを持っている場合の設定（「3-2-3　招待された側の設定：個人のDropboxアカウントを持っている場合」）

- **4. デスクトップ用アプリ/スマートデバイス用アプリをインストールする**

 管理者も含めたすべてのメンバーは、Windows/Mac/Linux 用のデスクトップ版アプリをダウンロードしてインストールすることで、Dropbox をローカルストレージのように利用できるようになります。また、スマートデバイスには、iOS/Android/Windows UWP 用のアプリが提供されています。

Windows 用のデスクトップ版アプリの Web サイト。表示されるメッセージに従ってインストールします。

➡ デスクトップ版 Dropbox アプリの活用（「2-9 Dropbox のデスクトップアプリの活用」）

- **5. わからないことはヘルプで調べる**

 Dropbox Business の利用中にわからないことがあったら、本書とともにヘルプを活用してください。ヘルプは、画面の右下に表示される［ヘルプ］をクリックすれば表示されます。なお、通常、一般のメンバーは管理者の機能まで知る必要はありません。管理者の方は、Dropbox の一般的な使い方に加えて、管理者用の機能を知ることで、メンバーやチームを効率的かつ安全に管理できるようになります。

Dropbox Businessのヘルプ。

➡ ヘルプを確認する/サポートを受ける（「3-1-2　ヘルプを確認する/サポートを受ける」）

1-3-2 30日間無料トライアルに申し込む

Dropbox Businessでは、30日間の無料トライアルが提供されています。利用を検討している場合は、まずは無料トライアルを利用することをおすすめします。

❶ Dropbox Businessのサイト（https://www.dropbox.com/business）にアクセスする。

❷ ［30日間無料でお試しください］をクリックする。

❸ プラン（Standard/Advanced）を選択する。各プランの［選択］をクリックする。

④ [姓]と[名]を入力する。
⑤ [メールアドレス]を入力する。
⑥ [パスワード]を設定する。
⑦ [アカウント名]に会社名などのアカウント名を入力する。
⑧ [電話番号]に会社の電話番号を入力する。
⑨ [会社規模]を設定する。
⑩ [続行]をクリックする。

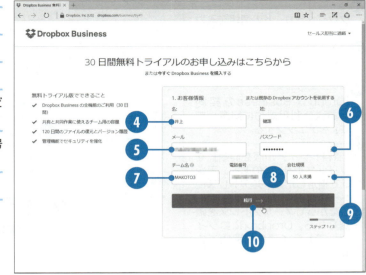

⑪ ユーザー数を指定する。
⑫ 年間払い/月間払いを選択する。
⑬ [続行]をクリックする。

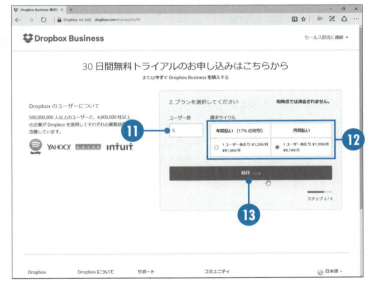

1-3 Dropbox Businessの利用方法

⑭ クレジットカードの情報を入力する。

⑮ ［郵便番号］と［国］を設定する。

⑯ ［Dropbox Businessの契約書および利用規約に同意します］をチェックする。

⑰ ［無料トライアル版を開始］をクリックする。このあと、手順5で指定したメールアドレスにメールが届く。メールの手順にしたがってメールアドレスを確認したら、Dropboxにログインしてトライアルを開始できる。

契約書と利用規約の確認
チェックボックスの文章の「Dropbox Businessの契約書」「利用規約」をクリックすれば、内容を確認できます。

30日をすぎると有料に移行
無料期間の30日をすぎると、自動的に有料プランに移行します。利用しない場合は、30日以内にキャンセルの手続きをとってください。

Chapter 2

日々の業務で Dropbox を利用する

Dropbox を利用すると、業務で使用するファイルを保存したり、他のユーザーとフォルダやファイルを簡単に共有したりできます。ここでは、管理者以外の一般のユーザーが利用できる Dropbox のさまざまな機能を説明します。

- フォルダの管理
- ファイルの表示・編集・管理
- 削除したフォルダやファイルの管理
- フォルダやファイルの共有
- ファイルリクエストの活用
- コメントを利用した共同作業
- グループを利用する
- Dropbox のセキュリティと設定
- Dropbox のデスクトップアプリの活用

2-1 フォルダの管理

Dropboxを活用して情報を管理したり共有したりするには、フォルダを使いこなす必要があります。ここでは、Dropboxのフォルダの種類やフォルダの作成・削除の方法など、フォルダの基本的な使い方を説明します。

2-1-1 チームフォルダと通常のフォルダの違いを理解する

Dropboxのフォルダは、「チームフォルダ」と「通常のフォルダ」に分けられます。チームフォルダを作成できるのは「チーム管理者」だけです。また、チームフォルダは、Dropboxに登録されているメンバー全員に自動的に共有されます。

チームフォルダでは、アクセス権限として「編集可能」と「閲覧可能」を指定できま

Dropboxのフォルダの種類

Dropboxで使用できるフォルダの種類は次のとおりです。アイコンのデザインで、フォルダの種類を区別することができます。

●チームフォルダ

 Dropbox.com   Windows   Mac

Dropboxに登録されているメンバーと自動的に共有されるフォルダです。チームフォルダは管理者だけが作成できます。なお、チームフォルダの中には、他のメンバーもフォルダを自由に作成できますが、そのフォルダは他のメンバーと自動的に共有されます。チームフォルダ内は、メンバーには常に公開・共有されると考えてください。管理者によって、チームフォルダが「閲覧可能」に設定されているときは、一般のメンバーはフォルダを自由に作ることはできません。

●通常のフォルダ（未共有）

 Dropbox.com   Windows   Mac

他のメンバーと共有されていないフォルダです。フォルダにアクセスできるのは、フォルダを作ったユーザーだけです。なお、フォルダを作った直後は、共有されていない状態です。

●通常のフォルダ（共有）

 Dropbox.com   Windows   Mac

メンバーが自由に作成できる通常のフォルダのうち、他のメンバーと共有されているフォルダです。

す。「編集可能」を指定すると、全員がフォルダやファイルを編集できます。「閲覧可能」を指定すると、編集できるのは管理者だけで、それ以外のメンバーは閲覧だけが許可されます。なお、「閲覧可能」を選択すると、チームフォルダのアイコンにカギのマークが付きます。

「通常のフォルダ」は、Dropboxに登録されているメンバーが自由に作成できる自分用のフォルダです。作成した直後は他のメンバーとは共有されないので、他のメンバーが閲覧することはできません。共有を設定すると、他のメンバーがフォルダにアクセスできるようになります。

2-1-2　新しいフォルダを作成する

Dropboxのメンバーは、自由にフォルダを作ってファイルを整理することができます。WindowsやMacのように、フォルダの中にフォルダを作ることも可能です。

❶ [新しいフォルダ]をクリックする。

❷ フォルダの名前を入力できる状態になるので、名前を入力して[Enter]キーを押す。

❸ 新しいフォルダが作成される。

フォルダの移動方法

　作成したフォルダをクリックすると、そのフォルダに移動します。また、画面の上部には、移動したフォルダが順番に表示され、クリックすれば、各フォルダに素早く移動できます。

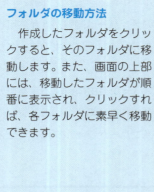

画面の上部に移動したフォルダが表示される

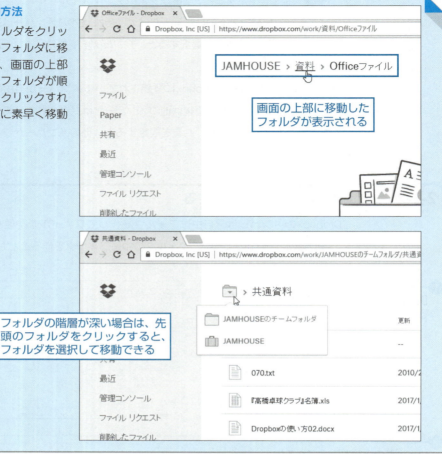

フォルダの階層が深い場合は、先頭のフォルダをクリックすると、フォルダを選択して移動できる

エクスプローラーでフォルダを作成する

　Windowsのエクスプローラーでは、「Dropbox」アイコンの下にWindowsの通常の操作でフォルダを作ることができます。作成するフォルダを右クリックしたら、メニューから［新規作成］－［フォルダー］を選択し、名前を入力してください。

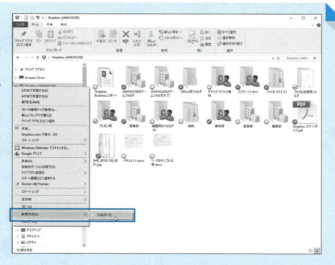

2-1-3 フォルダの名前を変更する

作成したフォルダの名前は、あとから自由に変更できます。ただし、チームフォルダの名前を変更できるのは管理者だけです。

❶ 名前を変更したいフォルダ先頭をチェックして選択する。

❷ ［名前を変更］をクリックする。

❸ 名前を変更できる状態になるので、新しい名前に書き換えてEnterキーを押す。

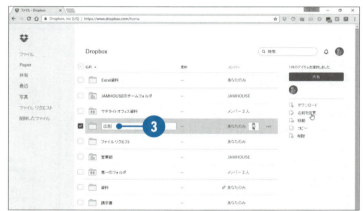

❹ フォルダ名が変更される。

チームフォルダの名前は変更できない？

チームフォルダの名前は、この方法では変更できません。変更するには、管理者の管理コンソールを利用する必要があります。

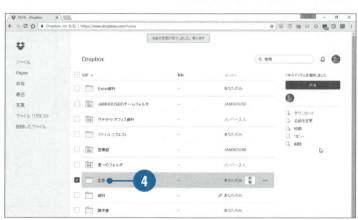

メニューでフォルダ名を変更する

　フォルダ右端の［…］をクリックしてメニューを表示し、［名前を変更］を選択してもフォルダの名前を変更できます。

エクスプローラーでフォルダの名前を変更する

　Windowsのエクスプローラーでは、「Dropbox」アイコンの下にあるフォルダの名前を、Windowsの通常の操作で変更できます。フォルダを選択して F2 キーを押すか、右クリックして［名前の変更］を選択すると、名前を変更できる状態になります。この状態で名前を書き換えて、Enter キーを押してください。

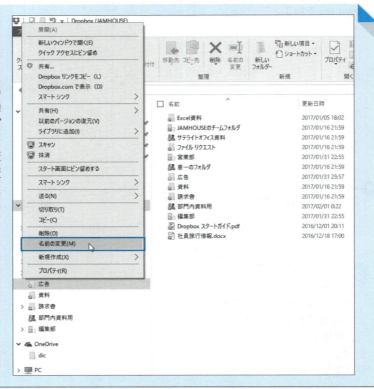

第2章 日々の業務でDropboxを利用する

2-1-4 フォルダを削除する

Dropboxのメンバーは、フォルダをいつでも削除できます。ただし、チームフォルダを削除できるのは管理者のみです。

① 削除したいフォルダ先頭をチェックして選択する。

② [削除]をクリックする。

③ 確認のメッセージが表示されたら[削除]をクリックする。

④ フォルダが削除される。

> **メニューでフォルダを削除する**
>
> フォルダ右端の[…]をクリックしてメニューを表示し、[削除]を選択してもフォルダを削除できます。

> **チームフォルダは削除できない？**
>
> チームフォルダは、この方法では削除できません。削除するには、管理者の管理コンソールを利用する必要があります。

> **エクスプローラーでフォルダを削除する**
>
> Windowsのエクスプローラーでは、「Dropbox」アイコンの下にあるフォルダをWindowsの通常の操作で削除することができます。フォルダを選択して Delete キーを押すか、フォルダを右クリックして、メニューから[削除]を選択してください。

2-1 フォルダの管理　23

2-1-5 フォルダを移動する/コピーする

フォルダを別のフォルダに移動したりコピーしたりできます。移動/コピーには複数の方法があるので、操作しやすい方法を使ってください。ここでは、チェックボックスを使って移動/コピーする方法を説明します。

❶ 移動/コピーするフォルダ先頭をチェックして選択する。

❷ 移動する場合は［移動］、コピーする場合は［コピー］を選択する。

❸ 移動/コピー先のフォルダを選択する。

❹ ［移動］/［コピー］をクリックする。

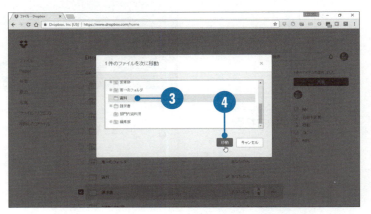

❺ フォルダが移動/コピーされる。

移動/コピーを取り消す

移動/コピーした直後は、画面の上部に移動/コピーしたことを示すメッセージが表示されます。ここで［取り消す］を選択すれば、移動/コピーを取り消すことができます。

メニューでフォルダを移動/コピーする

フォルダ右端の［…］をクリックしてメニューを表示し、［移動］/［コピー］をクリックしてもフォルダを移動/コピーできます。

マウス操作で移動/コピーする

フォルダを別のフォルダまでドラッグして移動することもできます。Ctrlキー（Macの場合はOptionキー）を押しながらドラッグするとコピーになります。

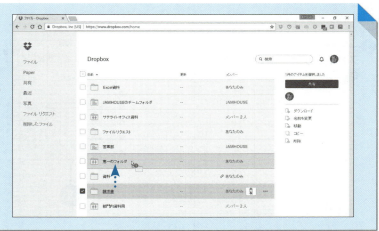

エクスプローラーで移動/コピーする

Windowsのエクスプローラーでも、「Dropbox」アイコンの下のフォルダをコピー/移動できます。操作方法は、Windowsの通常のフォルダと同じです。

2-1 フォルダの管理

2-2 ファイルの表示・編集・管理

フォルダを作ったら、そこにファイルをアップロードして管理・共有します。ここでは、ファイルをアップロードする方法、アップロードしたあとでファイルを閲覧したり、ファイル名を変更したりする方法を説明します。

2-2-1 ファイルをアップロードする（ドラッグ＆ドロップを使う）

Dropboxのフォルダにローカルのファイルをアップロードするには、いくつかの方法があります。ここでは、ドラッグ＆ドロップによる方法を説明します。

① アップロード先のフォルダに切り替える。

② エクスプローラーから、フォルダのウィンドウにファイルをドラッグ＆ドロップする。複数のファイルをまとめてドラッグ＆ドロップしてもよい。

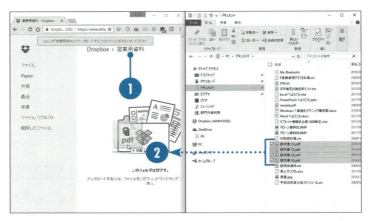

③ ファイルがアップロードされる。

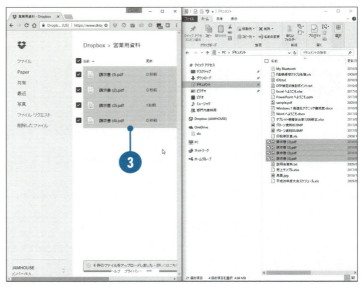

フォルダをアップロードする

フォルダをドラッグ＆ドロップすれば、保存されているファイルやサブフォルダも含めてフォルダ全体がアップロードされます。

エクスプローラ/ファインダーによるアップロード

Dropboxのデスクトップアプリをインストールしていれば、通常は、エクスプローラー（Windows）やファインダー（Mac）で、Dropboxのフォルダにファイルをコピーすれば、バックグラウンドで同期されて、DropboxのWebサイトに自動的にファイルがアップロードされます。

2-2-2　ファイルをアップロードする（ファイルを指定する）

Dropboxのフォルダにローカルのファイルをアップロードするには、いくつかの方法があります。ここでは、ファイルを指定してアップロードする方法を説明します。

❶ アップロード先のフォルダに切り替える。

❷ ［ファイルをアップロード］をクリックする。

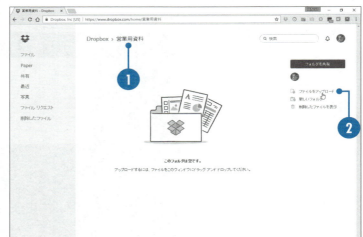

❸ ［ファイルを選択］をクリックする。

2-2 ファイルの表示・編集・管理　27

④ アップロードするファイルを選択する。

⑤ [開く] をクリックする。

> **複数のファイルを選択する**
>
> Ctrl キーを押しながらクリックすると複数のファイルを選択できます。また、ファイルを1つクリックして選択し、別のファイルを Shift キーを押しながらクリックすると、あいだのファイルをまとめて選択できます。

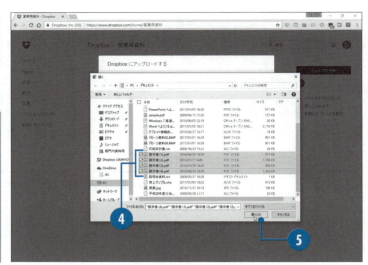

⑥ [完了] をクリックする。

⑦ フォルダにファイルがアップロードされる。

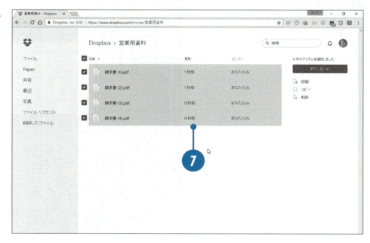

2-2-3 ファイルを閲覧する

　Dropboxのアップロードしたファイルは、わざわざダウンロードしなくても、クラウドに保存した状態で、その内容を表示することができます。WordやExcelなどのOfficeファイル、PDFファイル、画像、動画など、さまざまなファイルを表示・再生できます。

❶ 閲覧したいファイルをクリックする。

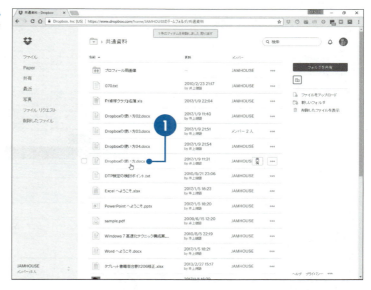

❷ ファイルの内容が表示される。画面はWordファイルを表示したところ。

❸ 閲覧を終了してファイルやフォルダの一覧に戻るには、左上の[＜]をクリックする。

2-2 ファイルの表示・編集・管理　29

閲覧したファイルの操作

　ファイルの内容が表示されている領域にマウスポインタを置くと、下部に拡大／縮小、ページ移動などを実行するバーが表示されます。

ファイルをパソコンのソフトで開く

　右上の［開く］をクリックすると、ファイルがダウンロードされ、パソコンのソフトが起動して読み込まれます。［開く］の［▼］をクリックすると、読み込むソフトを選択できます。

Dropbox.com でプレビュー可能なファイル形式

　Dropbox.comでプレビューできるファイル形式は次のとおりです（原稿執筆時点）。なお、このファイル形式は変更される可能性があるので、最新情報はhttps://www.dropbox.com/help/6をご覧ください。また、スマートフォンやタブレットでプレビューできるファイル形式は、https://www.dropbox.com/help/80になります。

＜ドキュメント＞							
.csv	.doc	.docm	.docx	.ods	.odt	.pdf	.rtf
.xls	.xlsm	.xlsx					
＜プレゼンテーション＞							
.odp	.pps	.ppsm	.ppsx	.ppt	.pptm	.pptx	
＜画像＞							
.ai	.bmp	.eps	.gif	.jpg	.jpeg	.png	.psd
.tiff	.tif	.svg	.svgz				
＜動画＞							
.3gp	.3gpp	.3gpp2	.asf	.avi	.dv	.flv	.m2t
.m4v	.mkv	.mov	.mp4	.mpeg	.mpg	.mts	.oggtheora
.ogv	.rm	.ts	.vob	.webm	.wmv		
＜オーディオ＞							
.aac	.m4a	.mp3	.oga	.wav			
＜リンクを形成するファイル＞							
.url	.webloc	.website					
＜テキストで表示されるファイル＞							
.as	.as3	.asm	.aspx	.bat	.c	.cc	.cmake
.coffee	.cpp	.cs	.css	.cxx	.diff	.erb	.erl
.groovy	.gvy	.h	.haml	.hh	.hpp	.hxx	.java
.js	.json	.jsx	.less	.lst	.m	.make	.markdown
.md	.mdown	.mkdn	.ml	.mm	.out	.patch	.php
.pl	.plist	.properties	.py	.rb	.sass	.scala	.scm
.script	.scss	.sh	.sml	.sql	.txt	.vb	.vi
.vim	.xhtml	.xml	.xsd	.xsl	.yaml	.yml	

2-2-4 ファイルの名前を変更する

Dropboxのメンバーは、ファイルの名前を自由に変更することができます。ここでは、チェックボックスを使って名前を変更する方法を説明します。

❶ 名前を変更したいファイル先頭をチェックして選択する。

❷ ［名前を変更］を選択する。

❸ 名前を変更できる状態になるので、新しい名前に書き換えて[Enter]キーを押す。

❹ ファイル名が変更される。

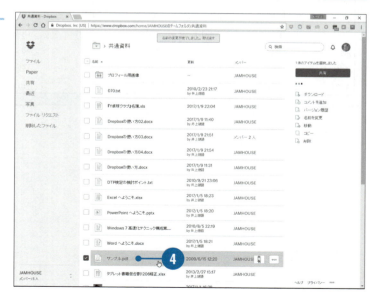

メニューでファイル名を変更する

　ファイル右端の［…］をクリックしてメニューを表示し、［名前を変更］を選択してもファイルの名前を変更できます。

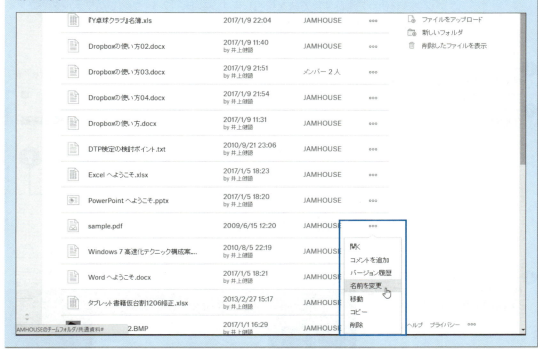

エクスプローラーでファイルの名前を変更する

　Windowsのエクスプローラーを使えば、「Dropbox」アイコンの下にあるファイルの名前を、Windowsの通常の操作で変更できます。ファイルを選択してF2キーを押すか、右クリックして［名前の変更］を選択すると、名前を変更できる状態になります。この状態で名前を書き換えて、Enterキーを押してください。

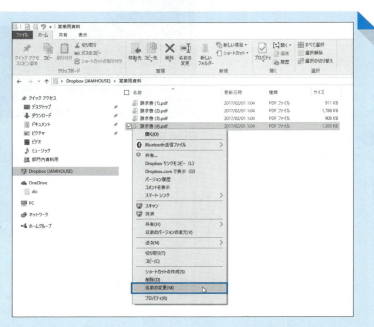

2-2 ファイルの表示・編集・管理

2-2-5 ファイルを削除する

Dropboxのメンバーは、不要になったファイルを削除できます。ここでは、チェックボックスを使って削除する方法を説明します。なお、「2-3 削除したフォルダやファイルの管理」で示した方法で、削除したファイルを復活することもできます。

❶ 削除したいファイル先頭をチェックして選択する。

❷ [削除] を選択する。

❸ 確認のメッセージが表示されたら [削除] をクリックする。

❹ ファイルが削除される。

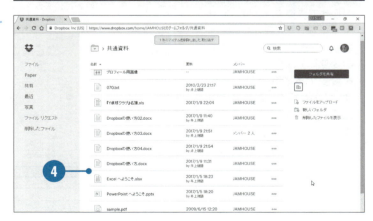

メニューでファイルを削除する

　ファイル右端の［…］をクリックしてメニューを表示し、［削除］を選択してもファイルを削除できます。

複数のファイルを選択する

　ファイル先頭のチェックボックスを利用すれば、複数のファイルも簡単に選択できます。複数のファイルを選択して［削除］をクリックすれば、ファイルを一括削除できます。

エクスプローラーでフォルダを削除する

　Windowsのエクスプローラーでは、「Dropbox」アイコンの下にあるファイルをWindowsの通常の操作で削除することができます。ファイルを選択して Delete キーを押すか、ファイルを右クリックして、メニューから［削除］を選択してください。

2-2-6 ファイルを移動する/コピーする

Dropboxのメンバーは、ファイルを別のフォルダに移動/コピーすることができます。ここでは、チェックボックスを使ってファイルを移動/コピーする方法を説明します。

❶ 移動/コピーするファイル先頭をチェックして選択する。

❷ 移動する場合は[移動]、コピーする場合は[コピー]を選択する。

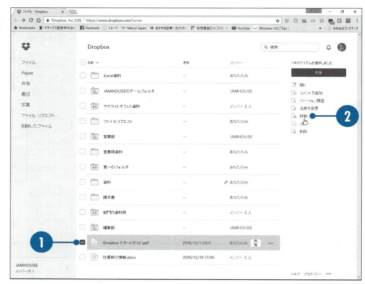

❸ 移動/コピー先のフォルダを選択する。

❹ [移動]/[コピー]をクリックする。

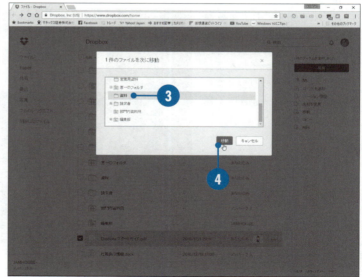

❺ ファイルが移動/コピーされる。

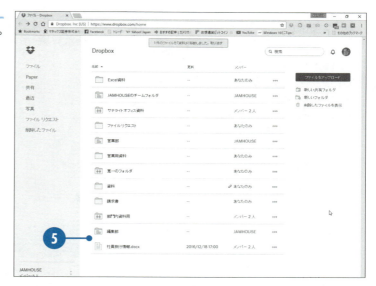

移動/コピーを取り消す

移動/コピーした直後は、画面の上部に移動/コピーしたことを示すメッセージが表示されます。ここで［取り消す］を選択すれば、移動/コピーを取り消すことができます。

メニューでファイルを移動/コピーする

ファイル右端の［…］をクリックしてメニューを表示し、［移動］/［コピー］を選択しても、ファイルを移動/コピーできます。

2-2 ファイルの表示・編集・管理　37

マウス操作で
移動／コピーする

　ファイルを別のフォルダまでドラッグして移動することもできます。Ctrl キー（Macの場合は Option キー）を押しながらドラッグするとコピーになります。

エクスプローラーで移動／コピーする

　Windowsのエクスプローラーでも、「Dropbox」アイコンの下のファイルを移動/コピーできます。操作方法は、Windowsの通常のファイルと同じです。

複数のファイルを選択する

　先頭のチェックボックスをチェックすると、複数のファイルを選択できます。複数のファイルを選択してドラッグすれば、まとめて移動/コピーできます。

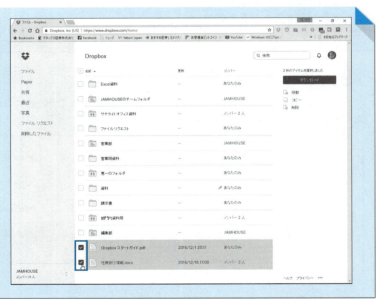

2-2-7 ファイルを以前の状態に戻す（復元する）

　Dropboxでは、ファイルに対するすべての変更が履歴として記録されています。このため、日時を指定することで、その日時の状態に戻すことができます。これを「復元」と呼びます。

❶ 復元したいファイル先頭をチェックして選択する。

❷ ［バージョン履歴］を選択する。

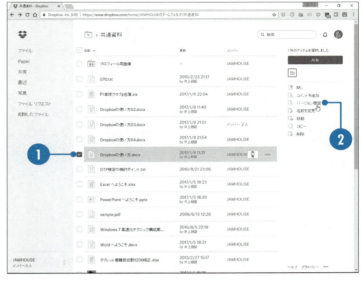

❸ ファイルの履歴が日時順に表示される。復元したい履歴の［復元］をクリックする。

❹ 確認のメッセージが表示されたら［復元］をクリックする。

2-2 ファイルの表示・編集・管理

⑤
ファイル一覧の画面に戻り、選択した履歴が、そのファイルの最新状態になる。

Dropboxのファイル復元の仕組み

　Dropboxでは、復元したファイルが最新の状態となりますが、過去の履歴もすべて残ります。たとえば、次のような履歴を持つファイルに対して、2017/01/04 09:00に2017/01/01 09:00の履歴を復元したとします。

2017/01/03 09:00 …… 状態A
2017/01/02 09:00 …… 状態B
2017/01/01 09:00 …… 状態C <--復元

　すると、次のようにファイルが状態Cになり、それが最新の履歴として追加されます。

2017/01/04 09:00 …… 状態C <--最新
2017/01/03 09:00 …… 状態A
2017/01/02 09:00 …… 状態B
2017/01/01 09:00 …… 状態C

エクスプローラーで復元する

　Windowsのエクスプローラーを使う場合は、ファイルを右クリックして［バージョン履歴］を選択すると、Webブラウザが起動して、Dropbox.comのファイル履歴のページが表示されます。

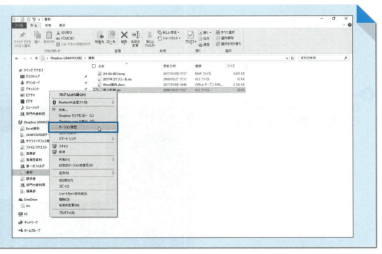

40　第2章 日々の業務でDropboxを利用する

2-3 削除したフォルダやファイルの管理

Dropboxでは、フォルダやファイルを削除しても、すぐには削除されずに残っています。これらのフォルダやファイルは、あとで復元して元に戻したり、完全に削除したりできます。ここでは、その基本的な操作を説明します。

2-3-1 削除したフォルダやファイルを表示する（特定のフォルダでの操作）

Dropboxでは、フォルダやファイルを削除しても、完全には削除されず、再度表示することができます。ここでは、特定のフォルダ内で削除したフォルダやファイルを表示する方法を説明します。

❶ ［削除したファイルを表示］をクリックする。

❷ そのフォルダ内で削除されたフォルダとファイルが表示される。［削除したファイルを非表示にする］をクリックすると、元の表示に戻る。

削除されたフォルダやファイルの表示形式

削除されたフォルダやファイルは、アイコンとフォルダ名やファイル名が薄いグレーで表示されます。また、右端に「削除済み」と表示されます。

2-3 削除したフォルダやファイルの管理　41

2-3-2 削除したフォルダやファイルを復元する（特定のフォルダでの操作）

Dropboxで削除したフォルダやファイルは、復元することができます。ここでは、特定のフォルダで削除したフォルダやファイルを復元する方法を説明します。

❶
「2-3-1　削除したフォルダやファイルを表示する（特定のフォルダでの操作）」の手順で削除したフォルダやファイルを表示したら、復元したいフォルダやファイル先頭をチェックして選択する。

❷
メニューから［復元］を選択する。

❸
確認メッセージが表示されたら［復元］をクリックする。

❹
フォルダやファイルが復元される。

メニューを使って復元する

　復元したいフォルダやファイル右端の［…］をクリックしてメニューを表示して、［復元］をクリックしてもかまいません。

最新バージョンが復元される

　選択したファイルに複数のバージョンがある場合は、最も新しいバージョンが復元されます。

フォルダの復元

　同じ操作でフォルダを復元した場合は、次のような画面が表示されるので、［フォルダを復元］をクリックしてください。フォルダとそのフォルダに保存されていたすべてファイルが復元されます。

2-3-3　削除したフォルダやファイルを完全に削除する（特定のフォルダでの操作）

Dropboxでは、通常の削除方法ではフォルダやファイルをクラウドのディスク上から削除することはできません。ディスク上からも完全に削除するには、ここで説明する手順で操作してください。

❶「2-3-1　削除したフォルダやファイルを表示する（特定のフォルダでの操作）」の手順で削除したフォルダやファイルを表示したら、完全に削除したいフォルダやファイルの先頭をチェックして選択する。

❷ メニューから［完全に削除］を選択する。

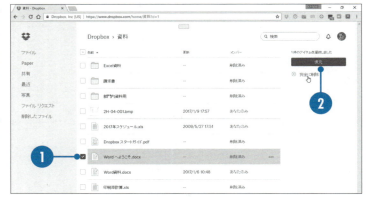

❸ 確認のメッセージが表示されたら［完全に削除］をクリックする。

❹ 選択したフォルダやファイルが完全に削除される。

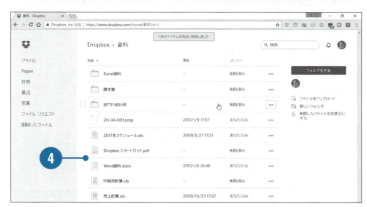

メニューを使って完全削除する

完全に削除したいフォルダやファイル右端の［･･･］をクリックしてメニューを表示し、［完全に削除］をクリックしてもかまいません。

2-3-4　削除したフォルダやファイルを表示する（「削除したファイル」での操作）

　Dropboxの「削除したファイル」には、他のメンバーと共有しているフォルダ内で削除されたフォルダやファイルが一覧表示されます。共有フォルダ内で削除したフォルダやファイルをまとめて確認したいときは、ここで説明する手順で確認してください。

❶ 左側のメニューで［削除したファイル］をクリックする。

❷ 削除したすべてのフォルダやファイルが一覧表示される。

2-3 削除したフォルダやファイルの管理

削除した日時でまとめて表示される

「削除したファイル」では、削除したフォルダやファイルが1つずつ表示されるのではなく、削除を実行した日時が同じフォルダやファイルがまとめて表示されます。まとめて表示されている場合は、クリックすると複数のフォルダやファイルを確認できます。

削除したフォルダやファイルを条件で絞り込む

右上でフォルダや日付を指定すれば、指定したフォルダや削除した日付で絞り込めます。なお、日付の場合は、指定した日付以前に削除したフォルダやファイルを絞り込めます。

フォルダで絞り込む

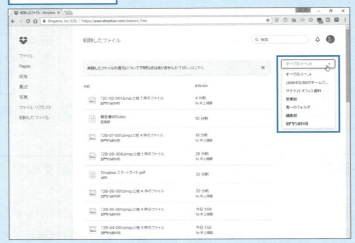

日付で絞り込む

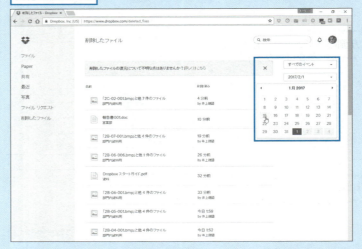

共有していないフォルダで削除したファイルの処理

共有していないフォルダ内で削除したフォルダやファイルについては、各フォルダ内で復元や完全削除などの処理を行ってください。

2-3-5 削除したフォルダやファイルを復元する（「削除したファイル」での操作）

「削除したファイル」で一覧表示される削除したフォルダやファイルは、個別に選択して復元することができます。

1 左側のメニューで［削除したファイル］をクリックして、削除したフォルダやファイルを一覧表示する。

2 復元したいフォルダやファイルをクリックする。

3 ［すべてのファイルを復元］をクリックする。ファイルが1つだけのときは、［復元］をクリックする。

4 ファイルが復元されて、ファイルの復元されたフォルダに切り替わる。

> **削除した日付が同じフォルダやファイルはまとめて復元される**
>
> この方法では、同じ日時に削除したフォルダやファイルはまとめて表示され、復元するときもまとめて復元されます。フォルダやファイルを個別に復元する場合は、「2-2-7　ファイルを以前の状態に戻す（復元する）」を利用してください。

2-3 削除したフォルダやファイルの管理

2-3-6 削除したフォルダやファイルを完全に削除する（「削除したファイル」での操作）

「削除したファイル」で一覧表示される削除したフォルダやファイルは、個別に選択して完全に削除することができます。クラウド上のディスクから削除したい場合は、ここで説明する手順で削除してください。

❶ 左側のメニューで［削除したファイル］をクリックして、削除したフォルダやファイルを一覧表示する。

❷ 完全に削除したいフォルダやファイルをクリックする。

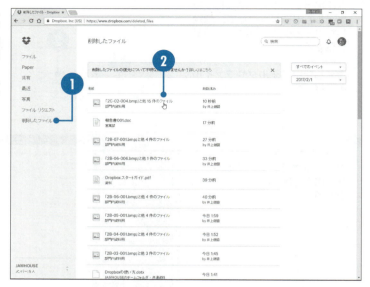

❸ ［完全に削除］をクリックする。

❹ 確認のメッセージが表示されるので、[完全に削除] をクリックする。

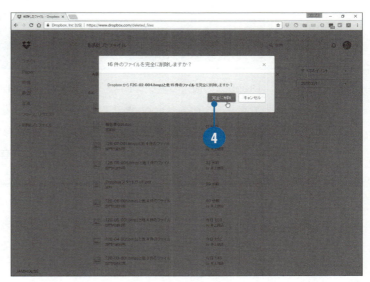

❺ 選択したフォルダやファイルが完全に削除される。

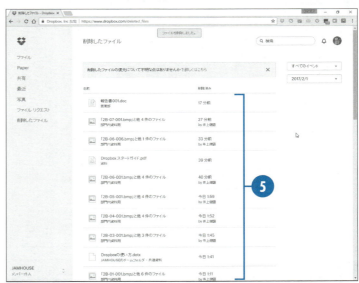

削除した日付が同じフォルダやファイルはまとめて完全削除される

この方法では、同じ日時に削除したフォルダやファイルはまとめて表示され、完全に削除するときもまとめて削除されます。フォルダやファイルを個別に完全削除する場合は、「2-3-3 削除したフォルダやファイルを完全に削除する（特定のフォルダでの操作）」の方法を利用してください。

フォルダやファイルを完全に削除する利用例

たとえば、「共有フォルダに個人のプライベートなファイルを置いてしまった」といったような場合に、完全削除するとよいでしょう。

2-4 フォルダやファイルの共有

　Dropboxの最大のメリットは、さまざまな情報を他のユーザーと簡単に共有できることです。ここでは、Dropboxでフォルダやファイルを共有するための、さまざまな方法を説明します。なお、チームフォルダでは、わざわざ共有の設定をしなくても、同じチームのメンバーとはフォルダやファイルが自動的に共有されます。

2-4-1　ユーザーを指定してフォルダを共有する

　Dropboxでは、特定のフォルダを他のユーザーと共有することができます。共有するときには、閲覧や編集などの権限を設定することもできます。

❶ 共有したいフォルダの右端にある［共有］をクリックする。または、フォルダに移動したあと［フォルダを共有］をクリックする。

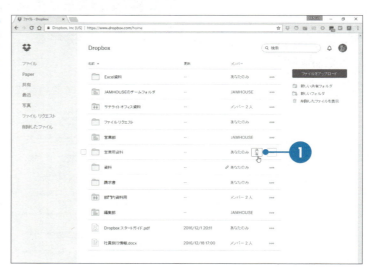

❷［宛先］に共有したい相手のメールアドレス、名前、またはグループ名を入力する。入力中にリストが表示された場合は、クリックして選択してもよい。複数の相手も指定できる。

③ 右側の権限をクリックして、[編集可能]／[閲覧可能]を選択する。

④ 必要であればメッセージを入力する（省略可）。

⑤ [共有]をクリックする。

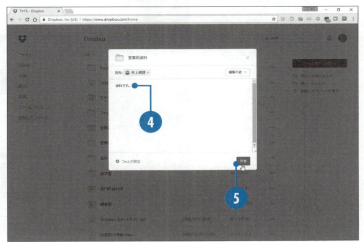

⑥ フォルダが共有されて、共有フォルダのアイコンに変わる。また、共有されている人数が表示される。マウスポインタを合わせるとメンバーを確認できる。

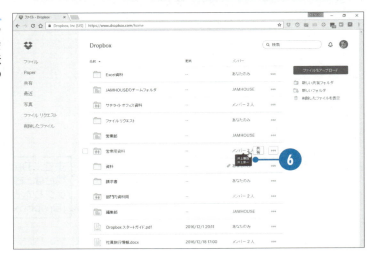

共有された側の操作

　この方法でフォルダを共有すると、相手に共有したことを知らせるメールが送られます。メールの［フォルダにアクセス］をクリックすると、Dropboxにログインし、フォルダが共有されたことを知らせるメッセージが表示されます。メッセージ中の［Dropboxに追加］をクリックすると、自分のDropboxにフォルダが追加され、アクセスできるようになります。すでにDropboxにログインしている状態では、右上の［通知メニュー］をクリックしたとき、共有したことを知らせるメッセージが表示されるので、同様に［Dropboxに追加］をクリックします。

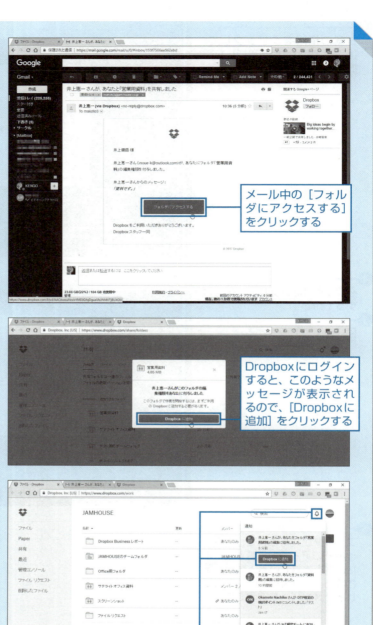

メール中の［フォルダにアクセスする］をクリックする

Dropboxにログインすると、このようなメッセージが表示されるので、［Dropboxに追加］をクリックする

すでにDropboxにログインしている場合は、右上の［通知メニュー］をクリックしたとき表示されるメニューで、［Dropboxに追加］をクリックする

「編集可能」と「閲覧可能」

フォルダを共有するときは、権限として次の2つを設定できます。

- 編集可能：共有フォルダ内のファイルの編集ができる。新しいフォルダやファイルの追加や削除もできる。
- 閲覧可能：共有フォルダ内のファイルは閲覧できるだけ。新しいフォルダやファイルの追加や削除もできない。

連絡先をインポートする

［宛先］の入力中に表示される［連絡先をインポート］をクリックすると、GmailやYahoo!メールなど、他のサービスで登録している連絡先を取り込むことができます。

［新しい共有フォルダ］を使って共有する

右上のメニューで［新しい共有フォルダ］をクリックすると、次の2つの処理ができます。

- 新規フォルダを作成して共有する
- 既存のフォルダを共有する

［新規フォルダを作成して共有する］を選択した場合は、新しいフォルダを作成したうえで、共有の設定ができます。［既存のフォルダを共有する］を選択した場合は、既存のフォルダを選択して共有を設定することができます。

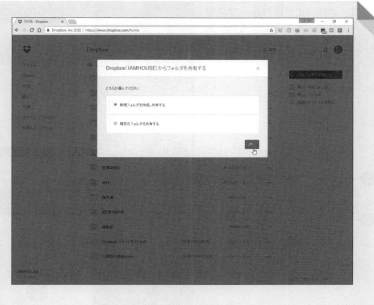

2-4-2 ユーザーを指定してファイルを共有する

特定のファイルだけを他のDropboxユーザーと共有することができます。なお、ファイルの場合は、共有された相手はファイルの閲覧だけが可能になります。

❶ 共有したいファイルの右端にある[共有]をクリックする。

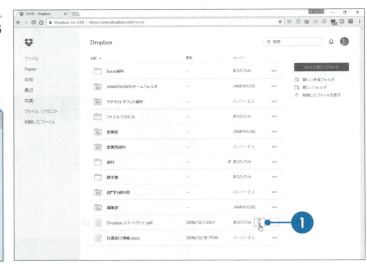

> **ファイルの共有では権限は「閲覧可能」になる**
>
> ファイルを1つ1つ個別に共有する場合は、権限は自動的に「閲覧可能」になります。「フォルダ」を共有するときは、権限として「編集可能」と「閲覧可能」を選択できます。

❷ [宛先]に相手のメールアドレス、名前、またはグループ名を入力する。入力中にリストが表示された場合は、クリックして選択してもよい。複数の相手も指定できる。

❸ 必要であればメッセージを入力する(省略可)。

❹ [共有]をクリックする。

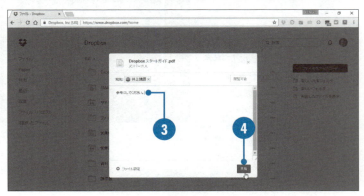

第2章 日々の業務でDropboxを利用する

❺ ファイルが共有されて、ファイルの横に共有されている人数が表示される。マウスポインタを合わせるとメンバーを確認できる。

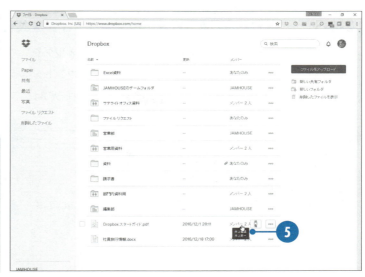

相手にはDropboxのアカウントが必要

ユーザーを指定してファイルを共有する場合は、相手がDropboxのアカウントを持っている必要があります。持っていない場合は、アカウントを作成する画面が表示されます。

共有された側の操作

この方法でファイルを共有すると、相手に共有したことを知らせるメールが送られ、メール本文の［ファイルを開く］をクリックすると、ファイルが表示されます。なお、ファイルを表示するにはDropboxにログインする必要があります。Dropboxにログインしている状態でファイルが共有されると、右上の［通知メニュー］をクリックしたとき、共有したことを知らせるメッセージが表示されます。

ファイル共有を知らせるメール。［ファイルを開く］をクリックすると、Webブラウザが起動し、Dropbox.comにログインしてファイルが表示される

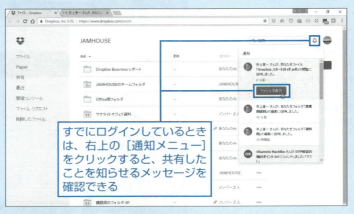

すでにログインしているときは、右上の［通知メニュー］をクリックすると、共有したことを知らせるメッセージを確認できる

2-4 フォルダやファイルの共有

2-4-3 リンクを使ってフォルダやファイルを共有する

Dropboxには「リンク」を使ってフォルダやファイルを共有する機能があります。リンクを使うと、相手がDropboxのアカウントを持っていなくてもファイルを共有することができます。ただし、相手に許可されるのは、ファイルの閲覧のみです。

❶ 共有したいフォルダやファイルの右端にある［共有］をクリックする。または、共有したいフォルダに切り替えて［フォルダを共有］をクリックする。

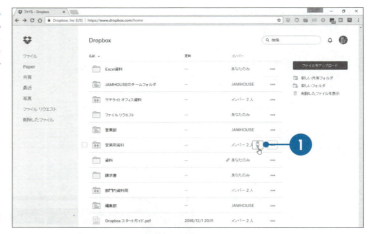

❷ ［リンクを作成］をクリックする。

❸ リンクが作成されたら［リンクをコピー］をクリックする。これでクリップボードにリンクがコピーされるので、メールなどを使って、相手にこのリンクを知らせる。

Dropboxのアカウントを持っていない相手とも共有できる

リンクによる共有のメリットは、Dropboxのアカウントを持っていない相手ともフォルダやファイルを共有できることです。

リンク作成は初回だけ

リンクによる共有では、最初にリンクを作成すると、以降は作成する必要はありません。[リンクをコピー]をクリックすると、作成済みのリンクがクリップボードにすぐにコピーされるので、それを共有したい相手に知らせてください。

デスクトップアプリでのリンクによる共有

Windows版/Mac版のデスクトップアプリをインストールしている場合は、エクスプローラー/ファインダーでDropboxのフォルダやファイルを右クリックし、[Dropboxリンクをコピー]を選択してください。

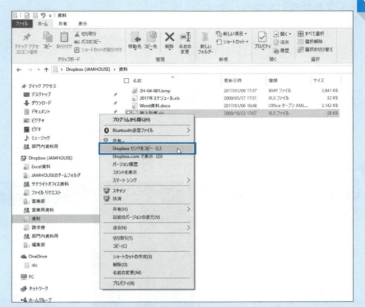

リンクを受け取った側の操作

メールなどでリンクを受け取った側は、Dropboxのアカウントを持っていなくても、リンクをクリックすればフォルダやファイルにアクセスできます。

リンクで共有されたフォルダを表示した画面。フォルダ内のフォルダやファイルが一覧表示される

2-4 フォルダやファイルの共有

2-4-4 共有フォルダの権限を変更する（編集可能 / 閲覧可能 / 所有者に指定する）

他のメンバーとフォルダを共有している場合は、メンバーごとにフォルダへのアクセス権限を設定できます。権限を変更することで、各メンバーのフォルダに対して実行できる作業の範囲を制御することが可能です。

❶ 権限を変更するフォルダの［共有］をクリックする。または、フォルダに切り替えたあとで［フォルダを共有］をクリックする。

❷ 相手の右端に表示されている権限をクリックし、権限を選択する。

❸ 権限が変更される。

❹ 右上の［×］をクリックしてウィンドウを閉じる。

設定できる権限

設定できる権限はファイルの編集や削除ができる「編集可能」と、閲覧／ダウンロード／コメント追加だけができる「閲覧可能」の2つです。また、自分が作ったフォルダの場合は、［所有者に指定する］を選択して、相手を所有者にすることもできます。なお、その相手はチームのメンバーである必要があります。

チームフォルダの場合

チームフォルダ内の共有フォルダで［共有］をクリックした場合は、チームのメンバー全員に対して、一括して［編集可能］／［閲覧可能］を指定することができます。

共有フォルダ内に作ったフォルダの共有

手順2の画面で左下の［フォルダ設定］をクリックすると、共有フォルダの共有方法を細かく設定できます。設定できる内容は表のとおりです。

・このフォルダに招待できるのは誰ですか？	フォルダを共有できるユーザーを、現在のチームのメンバーに限定（Dropboxアカウントのメンバーのみ）するか、限定しないか（全員）を指定します。
・このフォルダへのアクセスを管理できるのは誰ですか？	フォルダのアクセス権を変更できるユーザーを、フォルダの所有者だけに限定するか、現在のチームのメンバーのうち編集権限を持つメンバー全員にするかを指定します。
・このフォルダに参加していないユーザーとのリンク共有を許可しますか？	リンクを使った共有を許可するか（はい）、許可しないか（いいえ）を指定します。

2-4-5 共有フォルダからメンバーを削除する

他のメンバーと共有しているフォルダでは、特定のメンバーを共有から削除することができます。削除すると、そのメンバーは、以降はそのフォルダにアクセスすることはできなくなります。

❶ メンバーを削除するフォルダの［共有］をクリックする。または、フォルダに切り替えたあとで［フォルダを共有］をクリックする。

❷ 削除する相手の右端に表示されている権限をクリックし、［削除］を選択する。

❸ 確認のメッセージが表示されたら［削除］をクリックする。

相手にファイルのコピーを残す

［○○さんは、これらのファイルのコピーを維持することができます］をチェックすると、共有フォルダから削除された相手には、同じフォルダが自分用として残されます。チェックしない場合は、相手のDropboxからフォルダが削除されます。

❹ 相手が共有の設定から削除される。

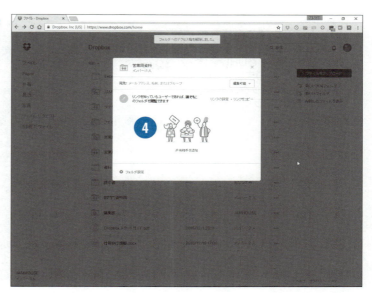

 Web サイトのURLを共有する

　他のメンバーとWebサイトを共有したいときは、WebサイトのURLをDropboxに保存すると便利です。ここでは、URLを登録しておく共有フォルダを作り、そこにまとめて登録する手順を説明します。

❶ チームフォルダ内に「Webサイト共有ブックマーク」という名前の共有フォルダを作る（フォルダ名は任意）。チームフォルダ内なので、すべてのメンバー全員に自動的に共有される。

2-4 フォルダやファイルの共有　61

② Webブラウザで登録したいWebページを表示したら、URLバーでURL全体を選択し、そのまま「Webサイト共有ブックマーク」フォルダにドラッグ＆ドロップする。

③ URLが登録された。ここに登録したURLは、全メンバーに自動的に共有される。

④ Webサイトを表示するには、表示したいURLをクリックする。

⑤　[新しいタブで開く] をクリックする。

⑥　登録したURLのページが新しいタブに表示される。

2-4 フォルダやファイルの共有

2-5 ファイルリクエストの活用

「ファイルリクエスト」は、不特定多数のユーザーからファイルを集めたいときに便利な機能です。リクエストされたユーザーは、一時的に作成される専用ページからファイルをアップロードできます。チームのメンバーだけでなく、Dropboxを使っていないユーザーからもファイルを送ってもらえるので、部門外や社外のユーザーからも、手軽にファイルを集めることができます。

2-5-1 ファイルリクエストでファイルを受け取る・収集する

ファイルリクエストでファイルを集めるには、ファイルリクエストを作成し、ファイルを送ってほしい相手を指定します。ファイルリクエストを作成する際には、締め切りを設定することもできます。

❶ メニューで［ファイルリクエスト］をクリックする。

❷ ［ファイルをリクエスト］をクリックする。

> **初回のファイルリクエスト**
>
> ファイルリクエスト機能を初めて利用する際には、案内の画面が表示されます。その場合は、案内に従って［ファイルリクエストを作成］をクリックして作業を進めてください。なお、案内が表示されるのは最初だけです。

❸ リクエストするファイルのタイトルを入力する。

❹ ファイルの保存先フォルダを指定する。ここでは初期設定のままにする。変更する場合は[フォルダを変更]をクリックして指定する。

❺ 締め切りを設定する場合は、[締切日を指定]をチェックして指定する。ここでは指定しない。

❻ [次へ]をクリックする。

❼ [リンクをコピー]をクリックしてリンクをクリップボードにコピーしたら、そのリンクをリクエストする相手にメールなどで知らせる。

❽ [完了]をクリックする。

❾ または、下段に相手のメールアドレスを指定する。オプションでメッセージを入力できる。

❿ [送信]をクリックする。

リクエストされた側の操作

ファイルリクエストのリンクまたはメールを受け取った側の操作は、「2-5-2 ファイルリクエストに従ってファイルをアップロードする」を参照してください。

保存先フォルダの変更

ファイルの保存先は、「ファイルリクエスト」というフォルダの下に作成される手順3で入力したタイトルと同じ名前のフォルダになります。保存先フォルダを変更する場合は、[フォルダを変更]をクリックして、Dropboxのフォルダ一覧から選択してください。

2-5 ファイルリクエストの活用　65

締め切りの設定

［締切日を指定］をチェックすると、締め切りの日時を設定する設定欄が表示されます。設定欄をクリックするとカレンダーが表示されるので、そこから締め切りの日付を指定してください。右側では時間を設定できます。

2-5-2　ファイルリクエストに従ってファイルをアップロードする

ファイルリクエストを受け取った人は、リクエストに従ってファイルをDropboxにアップロードできます。Dropboxのアカウントを持っていなくても、アップロード専用のページを使って簡単にファイルをアップロードすることができます。ここでは、Dropboxのアカウントを持っていない人がアップロードする手順を説明します。

❶ メールでリクエストを受け取った場合は、メール本文中の［ファイルをアップロードする］をクリックする。リンクを知らされた場合は、ブラウザでそのURLにアクセスする。

❷ ファイルのアップロード用のページが表示される。

3 エクスプローラーやファインダーを起動して、ファイルをアップロード用のページにドラッグする。または［ファイルを選択］をクリックしてファイルを指定する。

4 ファイルが設定されたら［アップロード］をクリックする。なお、必要であれば［名］［姓］［メールアドレス］も入力できる。

5 アップロードが完了する。なお、完了後の画面では、Dropboxのアカウントを新規作成することもできる。

2-5 ファイルリクエストの活用

2-5-3 アップロードされたファイルを確認する

ファイルリクエストでアップロードされたファイルは、ファイルリクエストを作成した人だけが確認できます。ここでは、送られてきたファイル数やファイルの内容を確認する方法を説明します。

❶ メニューで［ファイルリクエスト］をクリックする。

❷ リクエスト時に入力したタイトルが一覧表示されるので、確認したいタイトルをクリックする。なお、各タイトルには提出されたファイル数が表示される。

❸ アップロードされたファイルが表示される。

ファイルを閲覧できるのはリクエストした本人だけ

ファイルリクエストでアップロードされたファイルを閲覧できるのは、リクエストした本人だけです。もちろん、あとからファイルを他のメンバーと共有することは可能です。

フォルダで直接確認する

アップロードされたファイルは、リクエストするときに設定した保存先フォルダで確認することもできます。特に保存先フォルダを指定しなかった場合は、「ファイルリクエスト」フォルダの下にあるリクエスト時に入力したタイトル名のフォルダに保存されています。

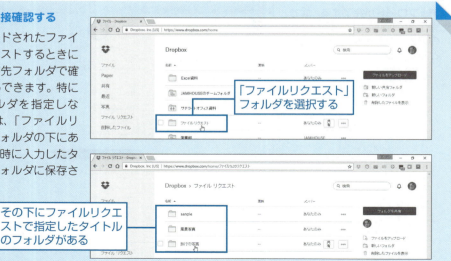

2-5-4 ファイルリクエストの相手を追加する

ファイルリクエストでファイルのアップロードを依頼する相手は、ファイルリクエストを作成したあとで追加することもできます。あとから送ってもらいたい人を追加する場合は、ここで説明する操作で追加してください。

❶ メニューで［ファイルリクエスト］をクリックする。

❷ 設定を変更するリクエストの［…］をクリックしてメニューを表示する。

❸ ［ユーザーを追加］をクリックする。

❹ 追加したい相手のメールアドレスを入力する。

❺ ［送信］をクリックする。これで、相手にリクエストのメールが送信されて、アップロードできるようになる。

リンクを知らせる

手順4で［リンクをコピー］をクリックすると、アップロード用のページのURLがクリップボードにコピーされます。このURLをメールなどで相手に知らせてもかまいません。

リクエストの締め切りや保存先フォルダを変更する

手順3で［編集］をクリックすると、リクエストのタイトルや保存先フォルダを変更したり、締め切りの設定、設定している場合は期日の変更などができます。設定を変更したら［保存］をクリックしてください。

2-5-5 ファイルリクエストを終了する

ファイルリクエストで必要なファイルが集まったら、ファイルリクエストを終了します。終了しないと、ファイルリクエストがいつまでも残ってしまうので、終了したら必ず終了の操作を実行してください。

❶ メニューで［ファイルリクエスト］をクリックする。

❷ 終了したいリクエストの［…］をクリックしてメニューを表示する。

❸ ［編集］を選択する。

❹ ［リクエストを終了］をクリックする。

❺ リクエストが終了し、リクエストのタイトルが消える。

リクエストを再開する

終了したリクエストは、［終了したリクエスト］タブに移動します。リクエストの［…］をクリックしてメニューを表示し、［再開する］を選択すると、リクエストを再開することができます。

2-6 コメントを利用した共同作業

Dropboxのコメント機能を利用すると、ファイルの内容を表示して、複数のメンバーでコメントを追加することができます。たとえば、Wordの文書やExcelの見積書、PDFの資料、画像などを表示し、複数メンバーで共同でチェックすることが可能です。ここでは、コメント機能の使い方を説明します。

2-6-1 ファイルにコメントを追加する

Dropboxでは、ファイルの内容を表示した状態で、コメントを追加できます。また、コメントに対して返信したり、コメントを削除したりすることもできます。さらに、「ステッカー」と呼ばれるイラストやアニメーションを追加することも可能です。

❶ コメントを追加するファイルを表示する。

❷ 右上のコメント入力欄にコメントを入力する。

❸ [投稿] をクリックする。

❹ コメントが追加される。

❺ 同じ文書を他のメンバーが表示している場合は、他のメンバーが投稿したコメントも、同様にして表示される。

❻ コメントの追加を終了するなら、左上の［×］をクリックする。

コメントへの返信と削除

　コメントの［返信］をクリックすると、そのコメントに対する返信を投稿できます。［削除］をクリックすると削除できます。

第2章 日々の業務でDropboxを利用する

コメントの解決

コメントの右上にある［解決する］をクリックすると、コメントをまとめて解決済みにできます。なお、右上の［…］をクリックし、メニューの［解決したコメントを表示する/非表示にする］を選択すると、解決済みコメントの表示/非表示を切り替えられます。

ステッカーを投稿する

コメント入力欄の［ステッカーを追加］をクリックすると、さまざまなイラスト（ステッカー）を投稿できます。選択すると、そのステッカーがすぐに投稿されます。

2-6-2 ファイルにコメントを付けて特定の相手に通知する

Dropboxのコメント機能には「メンション」という機能があります。これは、コメントに特定のメンバーを指定することで、その相手にファイルのコメントをしてもらう機能です。ここでは、メンション機能の使い方を説明します。

❶ コメントを入力したら、[ユーザーを@メンション]をクリックする。

❷ 相手の名前またはメールアドレスの一部を入力したら、ユーザーリストが表示されるので、相手を選択する。

❸ 入力欄に相手の名前が設定される。この状態で[投稿]をクリックして投稿する。

第2章 日々の業務でDropboxを利用する

④ 相手のDropboxには新しい通知が届くので、[通知メニュー]をクリックする。

⑤ 表示されたメニューで、コメントが付いたことを知らせる通知をクリックする。

⑥ ファイルが表示されて、すぐにコメントを追加できる状態になる。

特定のユーザーにコメントする

　はじめてコメントを付けるときは、この機能で相手を指定すれば、コメントを付けたことが相手に通知されるので、コメントのやりとりがスムーズになります。なお、この方法でコメントをやりとりすると、そのファイルは、自動的に相手と共有されます。

リンクでファイル共有している非Dropboxユーザーの場合

　リンクでファイルを共有している非Dropboxユーザーは、コメントのやりとりを閲覧することはできますが、コメントを追加することはできません。コメントを追加するには、Dropboxにユーザー登録してログインする必要があります。

2-6-3 ファイルの特定の箇所にコメントを追加する

　Dropboxのコメント機能を使うと、ファイルの特定の場所にコメントを追加することができます。たとえば、Word文書の特定の場所に「ここを修正してください」というコメントを追加したり、画像の特定の箇所に「色味の修正をしてください」といったコメントを追加したりできます。

❶ コメントを追加するファイルを表示したら、コメント入力欄の［特定の箇所にコメントする］をクリックする。

❷ コメントを付けたい箇所をドラッグで指定する。

❸ ドラッグした位置に入力欄が表示されるので、コメントを入力する。

❹ ［投稿］をクリックする。

⑤ コメントが追加される。

⑥ 他の場所にも同様にコメントするなら、同じ操作を繰り返す。終了するなら画面下に表示される［完了］をクリックする。

入力欄が表示されない？

コメントを付けたい箇所を先にドラッグして選択したあと、以下のようなボタンが表示された場合は、ボタンをクリックすると入力欄が表示されます。

コメントを
確認する・返信を書く

特定の箇所にコメントを追加すると、コメントが付けられた順番に番号が振られ、ファイル上にドラッグした領域が表示されます。領域にマウスポインタを合わせるとコメントが表示され、表示されたコメントをクリックすると、そのコメントに対する返信を書くことができます。

2-6 コメントを利用した共同作業　77

コメントが設定された領域を確認する

特定の箇所に追加されたコメントは、ファイル上だけでなく、右側のコメント一覧にも表示されます。ここで［コメント箇所を表示］をクリックすると、コメントの設定された領域を確認できます。

Dropbox Paperで文書を共同作成

Dropboxには、Dropbox PaperというDropbox上で文書を作成できるツールが用意されています。最大の特徴は、他のメンバーと共同で文書を作成できることです。作成中の文書を共有すれば、複数のメンバーでリアルタイムに文書を作成・編集することができます。さまざまな文書用のテンプレートも用意されているので、テンプレートをベースにして効率的に文書を作成できます。

2-7 グループを利用する

　Dropboxの「グループ」は、複数のメンバーをグループにまとめて、フォルダやファイルを効率的に共有したり管理したりできるようにする機能です。たとえば、「総務部」や「営業部」といった部課単位でメンバーをグループ化したり、プロジェクト単位でメンバーをグループ化したりすることで、データを効率的かつ迅速に共有できるようになります。なお、グループには「企業管理グループ」（「3-5 企業管理グループの利用」参照）と「ユーザー管理グループ」があります。ここでは、「ユーザー管理グループ」の機能を説明します。

2-7-1　グループを作成する

　Dropboxのメンバーは、グループを自由に作成することができます。メンバーが決まっていない場合は、とりあえずグループだけを先に作り、あとでメンバーを追加することも可能です。

❶ 左下のチーム名をクリックする。

❷ メンバー数の表示をクリックする。

③ [グループ] タブに切り替える。

④ [グループを作成] をクリックする。

⑤ グループの名前を入力する。

⑥ [作成] をクリックする。

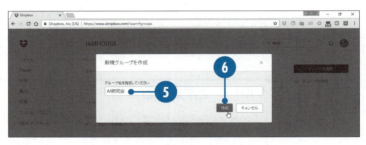

⑦ グループが作成される。

⑧ 引き続きメンバーを追加するなら [メンバーを追加] をクリックする（次項参照）。

グループとは

グループとは、複数のメンバーの集合に名前を付けたものです。たとえば「総務部」といった名前のグループを作って総務部社員をメンバーに登録しておけば、以降はフォルダを共有するときに「総務部」を指定するだけで、グループ内の全メンバーと共有することができます。

グループの種類

グループには「企業管理グループ」と「ユーザー管理グループ」の2種類があります。「企業管理グループ」は、管理者だけが作成できて、管理者だけがメンバーを追加/削除できるグループです（「3-5 企業管理グループの利用」参照）。「ユーザー管理グループ」は個々のメンバーが自由に作成できるグループで、メンバーの承認・退会も自由です。本章で説明しているのは、すべて「ユーザー管理グループ」の内容です。

グループを作成できない？

管理者がグループの作成を禁止している場合は、一般のメンバーはグループを作成することはできません。Dropboxの初期設定では、一般メンバーはグループを作成できます。

2-7-2　グループにメンバーを追加する

グループを作成したら、メンバーを追加します。グループを作成した直後は、作成した人が「マネージャー」となって、メンバーを追加することができます。

❶ 左下のチーム名をクリックする。

❷ メンバー数の表示をクリックする。

❸ [グループ] タブに切り替える。

❹ 自分がマネージャになっているグループから、メンバーを追加するグループをクリックする。

❺ [メンバーを追加] をクリックする。

メンバーを追加できるのはマネージャーだけ

グループにメンバーを追加できるのはマネージャーだけです。グループを作成した直後は、作成者が自動的にマネージャーになります。なお、マネージャーは、他のメンバーをマネージャーに指定することもできます（「2-7-8 他のメンバーをグループのマネージャーに指定する」参照）。

2-7 グループを利用する

❻
メンバーの名前またはメールアドレスを入力し、リストに表示されたメンバーから選択してメンバーを設定する。複数のメンバーを指定できる。

❼
[メンバーを追加]をクリックする。

❽
グループにメンバーが追加される。

2-7-3　グループに参加する

　Dropboxのメンバーは、他のメンバーが作成したグループに参加したいときは、グループのマネージャーに対して「参加リクエスト」を送ります。マネージャーがリクエストを承認すると、グループに参加することができます。

❶
左下のチーム名をクリックする。

❷
メンバー数の表示をクリックする。

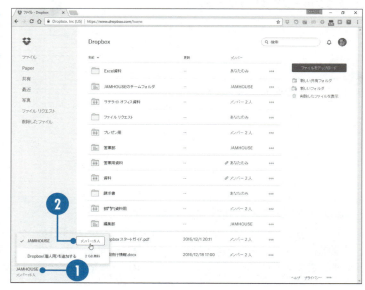

第2章 日々の業務でDropboxを利用する

❸
[グループ] タブに切り替える。

❹
[すべてのグループ] から、参加したいグループの [参加をリクエスト] をクリックする。

❺
[参加をリクエスト] が「承認待ち」の表示に変わる。

❻
リクエストされたグループのマネージャー側では、[通知メニュー] をクリックする。

❼
[承認] をクリックする。これで、リクエストを送ったメンバーがグループに追加される。

メールでもリクエストが送られる

[参加をリクエスト] をクリックすると、マネージャーにリクエストのメールも送られます。マネージャーは、メールで承認してもかまいません。

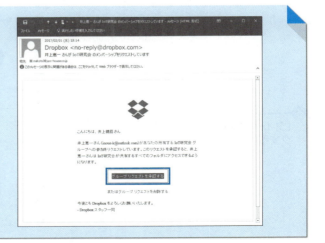

2-7 グループを利用する

2-7-4 グループから退会する

Dropboxのメンバーは、参加したグループからいつでも退会することができます。退会するときは、マネージャーの承認は必要ありません。

❶ 左下のチーム名をクリックする。

❷ メンバー数の表示をクリックする。

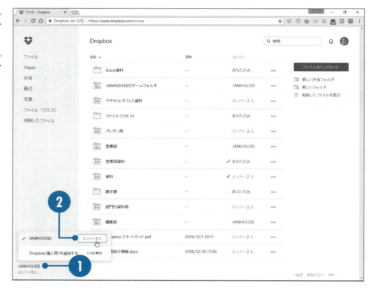

❸ [グループ] タブに切り替える。

❹ [マイグループ] には、自分が参加しているグループが表示されるので、退会したいグループをクリックする。

❺ [グループから退会] をクリックする。

❻ 確認のメッセージが表示されたら、[退会する]をクリックする。

❼ グループから退会して、そのグループが[マイグループ]から消える。

マネージャーは退会できない？

グループには最低1人のマネージャーが必要です。グループに1人しかマネージャーがいない場合は、そのマネージャーはグループを退会できません。ただし、マネージャーが複数いる場合は退会できます。

マネージャが1人しかいない場合は、マネージャは退会できない

2-7-5 メンバーをグループから削除する

グループのマネージャーは、メンバーをグループから強制的に削除することができます。異動や退職などでメンバーが自分でグループを退会できない場合は、マネージャーがメンバーを削除する必要があります。

❶ 左下のチーム名をクリックする。

❷ メンバー数の表示をクリックする。

❸ [グループ] タブに切り替える。

❹ [マイグループ] には、自分が参加しているグループが表示されるので、自分がマネージャをしているグループをクリックする。

❺ 削除するメンバー右端の [・・・] をクリックする。

❻ [ユーザーを削除] を選択する。

第2章 日々の業務でDropboxを利用する

❼ 確認のメッセージが表示されたら、[削除]をクリックする。

❽ メンバーが削除される。

> **メンバーを削除できるのはマネージャーだけ**
>
> グループからメンバーを削除できるのは、マネージャー権限を持っているメンバーだけです。

2-7-6 グループの名前を変更する

グループのマネージャーは、グループの名前を自由に変更することができます。名前を変更すると、他のメンバーのDropboxでもグループ名が自動的に変更されます。

❶ 左下のチーム名をクリックする。

❷ メンバー数の表示をクリックする。

2-7 グループを利用する

❸ ［グループ］タブに切り替える。

❹ ［マイグループ］には、自分が参加しているグループが表示されるので、自分がマネージャをしているグループから名前を変更したいグループをクリックする。

❺ ［グループ名を変更］をクリックする。

❻ グループの名前を変更する。

❼ ［変更を保存］をクリックする。

❽ グループの名前が変更される。

名前を変更できるのはマネージャーだけ

グループの名前を変更できるのは、マネージャー権限を持っているメンバーだけです。

グループ名は頻繁に変更しない

グループ名が他のメンバーに浸透している場合は、グループ名を急に変更すると混乱する可能性があります。このため、長期間使っているグループやメンバーの多いグループの名前をするときは、事前に連絡するなど、慎重に対応してください。

2-7-7 グループを削除する

グループのマネージャーは、グループそのものを削除することもできます。削除すると、グループで共有したフォルダには、メンバー全員がアクセスできなくなります。

❶ 左下のチーム名をクリックする。

❷ メンバー数の表示をクリックする。

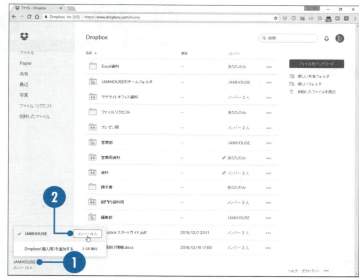

❸ [グループ] タブに切り替える。

❹ [マイグループ] には、自分が参加しているグループが表示されるので、自分がマネージャをしているグループの中から削除したいグループをクリックする。

❺ [グループを削除] をクリックする。

2-7 グループを利用する　89

❻ 確認のメッセージが表示されたら［削除］をクリックする。

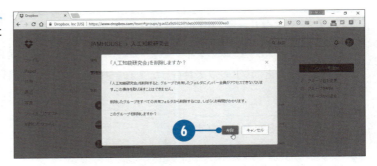

❼ グループが削除される。

> **グループを削除できるのはマネージャーだけ**
>
> グループを削除できるのは、マネージャー権限を持っているメンバーだけです。

2-7-8　他のメンバーをグループのマネージャーに指定する

グループを作成した直後は、作成したメンバーがそのグループの「マネージャー」になります。マネージャーは、グループのメンバーの追加や承認、削除、名前変更などができます。また、別のメンバーをマネージャーに指定することもできます。

❶ 左下のチーム名をクリックする。

❷ メンバー数の表示をクリックする。

③ [グループ] タブに切り替える。

④ [マイグループ] には自分が参加しているグループが表示されるので、自分がマネージャをしているグループをクリックする。

⑤ マネージャーに指定したい相手の […] をクリックする。

⑥ [マネージャーに指定する] をクリックする。

⑦ 確認のメッセージが表示されたら [マネージャーに指定する] をクリックする。

❽ 指定した相手がマネージャーになり、名前の横に「マネージャー」と表示される。

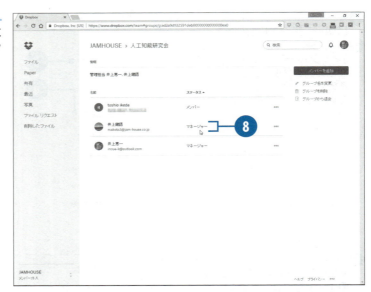

グループには最低1人のマネージャが必要

マネージャは、メンバーの追加/削除、グループの削除などを実行できる権限を持っています。グループを作成した直後は、作成者が自動的にマネージャになります。なお、マネージャは複数設定することができます。

メンバーのマネージャ権限を削除する

グループに登録されているメンバーの［…］をクリックし、［マネージャー権限を削除する］を選択すると、そのメンバーはマネージャではなくなります。

2-8 Dropboxのセキュリティと設定

Dropboxには、安全性を高めるために2段階認証を設定したり、紛失した端末からDropboxを削除したりする機能が用意されています。また、より使いやすくするためにプロフィール画像を設定する機能も用意されています。ここでは、セキュリティを中心としたDropboxの設定について説明します。

2-8-1 2段階認証を有効にする

2段階認証は、Dropboxにログインするとき、通常のパスワードと、もう1つの要素を組み合わせてセキュリティを強化する仕組みです。ここでは、パスワードと携帯電話のSMSメッセージを組み合わせる方法を説明します。

❶ 右上の自分のアカウント名をクリックしてメニューを開く。

❷ [設定] をクリックする。

❸ [セキュリティ] タブに切り替える。

❹ [2段階認証] で [クリックして有効にする] をクリックする。

5
［スタート］をクリックする。

6
Dropboxにログインする際のパスワードを入力する。

7
［次へ］をクリックする。

8
セキュリティコードの受信方法を選択する。ここでは［テキストメッセージを使用］を選択する。

9
［次へ］をクリックする。

モバイルアプリを使用する場合

　［モバイルアプリを使用］を選択した場合は、DropboxはTOTP（Time-Based One-Time Password Algorithm）に対応した以下のようなアプリを利用できます。

- Google Authenticator（Android/iPhone/BlackBerry）
- Duo Mobile（Android/iPhone）
- Amazon AWS MFA（Android）
- Authenticator（Windows Phone 7）

10
携帯電話の番号を入力する。

11
［次へ］をクリックする。

⓬ 携帯電話のSMSに届いた6桁の数字を入力する。

⓭ ［次へ］をクリックする。

⓮ 予備の携帯電話がある場合は、その電話番号を入力して［次へ］をクリックして同様に操作する。なお、この設定はオプションなので、不要であれば何も入力しないで［次へ］をクリックして問題ない。

⓯ 緊急時に2段階認証をリセットできるコードが表示されるのでメモしておく。

⓰ ［2段階認証を有効にする］をクリックする。

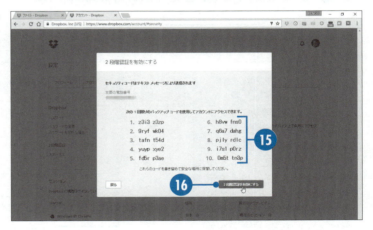

⓱ ［完了］をクリックする。これで2段階認証が有効になる。

2段階認証による
ログイン方法

2段階認証を有効にすると、ログインの方法が次のようになります。

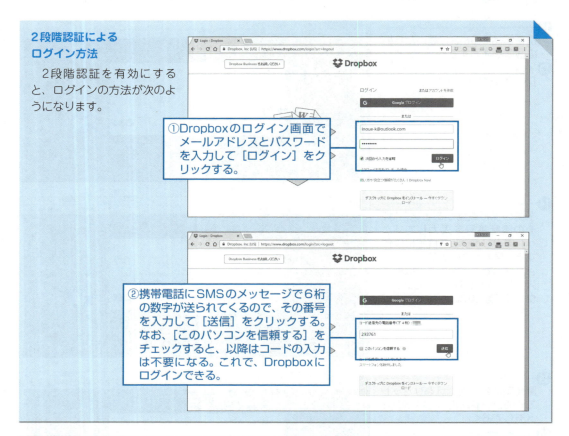

①Dropboxのログイン画面でメールアドレスとパスワードを入力して［ログイン］をクリックする。

②携帯電話にSMSのメッセージで6桁の数字が送られてくるので、その番号を入力して［送信］をクリックする。なお、［このパソコンを信頼する］をチェックすると、以降はコードの入力は不要になる。これで、Dropboxにログインできる。

2段階認証を無効にする

2段階認証を無効にするには、手順3の［セキュリティ］タブで、［2段階認証］の［クリックして無効にする］をクリックします。あとは、表示されるメッセージに従って設定してください。なお、管理者によって2段階認証が強制されている場合は、自分で無効にすることはできません。もしも、携帯電話の紛失などにより、2段階認証でのログインができなくなった場合は、手順15でメモした緊急時のコードを使うか、管理者に連絡して、2段階認証をリセットしてもらってください。

［セキュリティ］タブで、［2段階認証］の［クリックして無効にする］をクリックする

2-8-2　紛失したデバイスの同期を停止し、Dropboxのファイルを削除する

Dropboxを利用しているパソコンやスマートフォン、タブレットなどのデバイスが紛失したり、盗難に遭ったりした場合は、別のパソコンからログインして、遠隔操作でデバイスのDropboxをログアウトしたり、デバイス内に保存されているDropboxのファイルを削除したりできます。

❶ 右上の自分のアカウント名をクリックしてメニューを開く。

❷ ［設定］をクリックする。

❸ ［セキュリティ］タブに切り替える。

❹ ［デバイス］でDropboxとのリンクを解除したいデバイス右端の［×］をクリックする。

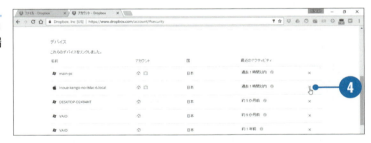

❺ そのデバイスに保存されているDropboxファイルを削除する場合は、［このパソコンが次回オンラインに〜］をチェックする。

❻ ［リンクを解除］をクリックする。これで、そのデバイスでDropboxとの同期が停止し、次にオンラインになったときDropboxのファイルが削除される。

2-8 Dropboxのセキュリティと設定

ローカルに
ファイルがない場合

　スマートフォンやタブレットなどで、デバイスにファイルが保存されていない場合は、［このパソコンが次回オンラインに～］のチェックボックスは表示されません。

同期の停止とDropboxファイルの削除が必要な理由

　Dropboxのデスクトップアプリを導入していると、パソコンの起動とともに自動的にDropboxにログインして、フォルダやファイルが同期されます。このため、デバイスが紛失・盗難に遭うと、Dropboxに勝手にログインされて、情報が漏洩する危険があります。それを避けるには、本項で説明した方法で同期を停止し、デバイス内のDropboxのファイルを削除する必要があります。
　また、「ファイルを削除する」というのは心理的に抵抗感が高く、遠隔削除が実行されなかったりかなり時間が経たなければ行われないケースがあります。Dropboxの場合、ファイルはすべてクラウド上にあるので、パソコンが見つかったときに再度同期をすればいいだけなので、予防的措置として「置き忘れたかもしれない」というような段階で実行することができます。

管理者もDropboxを削除できる

　緊急の場合は、チームの管理者が他のメンバーのデバイスの同期を停止し、Dropboxのファイルを削除することもできます。

セッションを削除する

　［セキュリティ］タブの［セッション］では、現在、Dropboxにログインしているデバイスが表示されます。ここに、自分の使ったことのないデバイスが表示されている場合は、漏洩したアカウント情報で誰かがログインして、勝手にDropboxを使っている可能性があります。その場合は、右端の［×］をクリックすることで、そのデバイスを強制的にログアウトさせることができます。

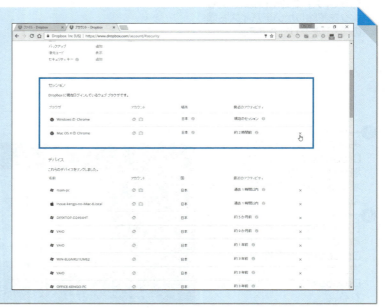

2-8-3 アプリとのリンクを確認する/解除する

　Dropboxとアプリをリンクすると、Dropboxのファイルをアプリで読み書きできるようになります。たとえば、マイクロソフトのOfficeとリンクすれば、WordやExcelなどでDropboxのファイルを読み込んだり、Dropboxに保存したりできます。ただし、アプリが不要になった場合は、リンクを解除した方が安全です。ここでは、リンクされているアプリを確認する方法とリンクを解除する方法を説明します。

❶ 右上の自分のアカウント名をクリックしてメニューを開く。

❷ [設定] をクリックする。

❸ [セキュリティ] タブに切り替える。

❹ [リンク済みのアプリ] でDropboxとリンクしているアプリが一覧表示される。

❺ リンクを解除するには、アプリ右端の [×] をクリックする。

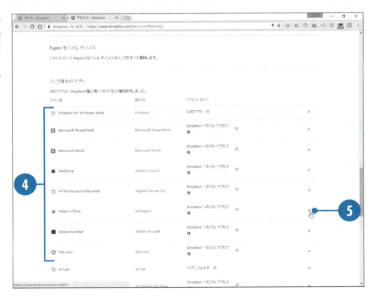

2-8 Dropboxのセキュリティと設定

❻ 確認のメッセージが表示されたら、[アンインストール]をクリックする。

❼ そのアプリとのリンクが解除されて、アプリが一覧から消える。

2-8-4　プロフィール写真を登録する

　　Dropboxでは、自分のプロフィール写真を設定しておくと、アカウント名とともに表示されるようになります。さまざまな場面で写真が表示されるので、他のメンバーと区別するためにも、設定しておくことをおすすめします。

❶ 右上の自分のアカウント名をクリックしてメニューを開く。

❷ [プロフィール写真を追加]をクリックする。

❸ [パソコンからアップロード] を
クリックする。

❹ 使用する画像ファイルを選択する。

❺ [開く] をクリックする。

❻ [完了] をクリックする。

❼ プロフィール画像が設定される。

ドラッグ＆ドロップで指定する

手順3では、エクスプローラから画像ファイルをドラッグ＆ドロップで指定することもできます。[Dropboxから選択] をクリックすると、Dropbox上の画像ファイルも指定できます。

プロフィール写真を変更する

右上の自分のアカウント名をクリックし、メニューからプロフィール画像をクリックすれば、再び画像をアップロードする画面が表示されます。別の画像ファイルをアップロードすれば、その画像に変更されます。

2-8 Dropboxのセキュリティと設定　101

2-8-5 プロフィールの写真を削除する

設定したプロファール写真は、いつでも削除できます。お気に入りの写真がなかなか見つからない場合は、削除してプロフィール写真がない状態でも問題はありません。

❶ 右上の自分のアカウント名をクリックしてメニューを開く。
❷ [設定] をクリックする。

❸ [プロフィール] タブに切り替える。
❹ [アカウントの写真] で [写真を削除] をクリックする。

❺ 確認のメッセージが表示されたら [削除] をクリックする。

❻ 画像が削除されて、設定する前の表示に戻る。

> **プロフィール画像を変更する**
> [写真を変更] をクリックすると、別の画像ファイルを指定することができます。

第2章 日々の業務でDropboxを利用する

2-8-6 パスワードを変更する

Dropboxのメンバーは、ログインする際のパスワードを自分で変更することができます。パスワードが漏れた可能性がある場合は、できるだけ早期にパスワードを変更することをおすすめします。

① 右上の自分のアカウント名をクリックしてメニューを開く。

② [設定] をクリックする。

③ [セキュリティ] タブに切り替える。

④ [パスワードの変更] をクリックする。

⑤ 上のボックスに現在のパスワードを入力する。

⑥ 下のボックスに新しいパスワードを入力する。

⑦ [パスワードの変更] をクリックする。これでパスワードが変更される。

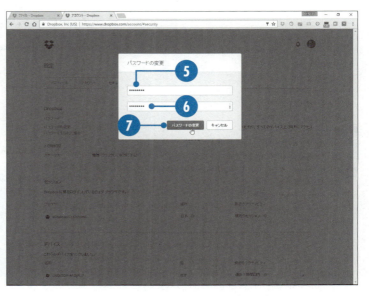

> **以前使っていたパスワードは使えない**
>
> 新しいパスワードとして、以前使っていたパスワードを再び設定することはできません。

個人用のDropboxを併用している場合

　個人用とビジネス用のDropboxをリンクして併用している場合は、[セキュリティ] タブで、どちらのアカウントのパスワードを変更するかを選択できます。

2-8-7　パスワードを忘れたときの対処

　　　　　Dropboxのパスワードを忘れてしまうと、Dropboxにログインできなくなってしまいます。その場合は、ログイン画面でパスワードをリセットし、新しいパスワードを再設定してください。

❶ Dropboxのログイン画面で [パスワードを忘れてしまった場合] をクリックする。

❷ Dropboxで利用しているメールアドレスを入力する。

❸ [送信] をクリックする。

❹
指定したメールアドレスにDropboxから届いたメールを確認し、メール本文の［パスワードをリセットする］をクリックする。

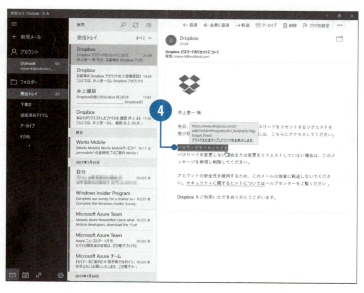

❺
［新しいパスワード］と［パスワードを再入力］の2つの入力欄に新しいパスワードを入力する。

❻
［送信］をクリックする。

❼
新しいパスワードが保存されて、Dropboxにログインできる。

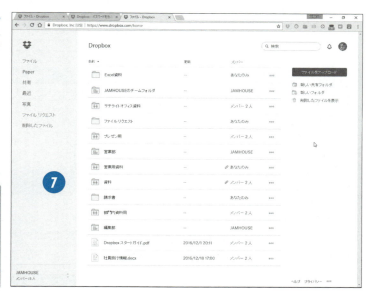

以前使っていたパスワードは使えない

新しいパスワードとして、以前使っていたパスワードを再び設定することはできません。

2-8 Dropboxのセキュリティと設定

2-8-8 ストレージの容量を確認する

Dropboxのアカウント画面では、メンバーに割り当てられているストレージ容量、使用している容量、および通常ファイルと共有ファイルの量などを確認することができます。

❶ 右上の自分のアカウント名をクリックしてメニューを開く。

❷ [設定] をクリックする。

❸ [アカウント] タブに切り替える。

❹ 容量が確認できる。

個人用Dropboxと企業用Dropboxをリンクしている場合

個人用のDropboxと企業用のDropboxをリンクしている場合は、設定のページに「個人」とチーム名のタブが2つ表示されます。「個人」のタブは個人用のDropboxの設定で、チーム名のタブは企業用のDropbox用のタブです。

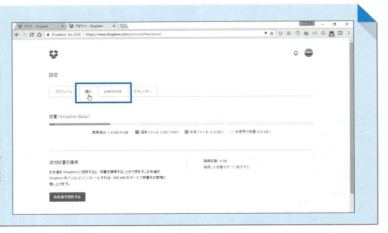

2-8-9 個人用のDropboxと企業用のDropboxをリンクする

　個人用のDropboxと企業用のDropboxをリンクすると、1台のデバイスで個人用/企業用の両方のDropboxを併用することができます。Dropboxの利用開始時に個人用Dropboxをリンクしなかった場合は、ここで説明する手順でリンクしてください。

❶ 右上の自分のアカウント名をクリックしてメニューを開く。

❷ ［設定］をクリックする。

その他のリンク方法

　左下のチーム名をクリックし、表示されたメニューで［Dropbox（個人用）を追加する］をクリックしても、個人用と企業用のDropboxをリンクできます。

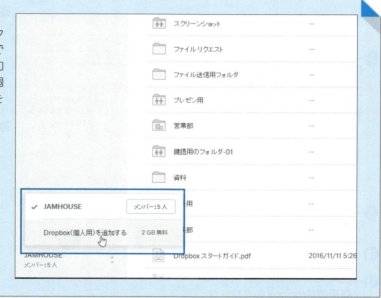

❸ ［プロフィール］タブに切り替える。

❹ ［Dropbox（個人用）をリンクする］で［リンクする］をクリックする。

2-8 Dropboxのセキュリティと設定

⑤ [ログイン]をクリックする。

⑥ 個人用のメールアドレスとパスワードを入力する。
⑦ [ログイン]をクリックする。`

⑧ 個人用のDropboxと企業用のDropboxのアカウントがリンクされた。[個人用を表示する]をクリックする。

⑨ 個人用のDropboxが表示される。
⑩ 左下の[個人]をクリックする。
⑪ 企業用のDropboxをクリックする。

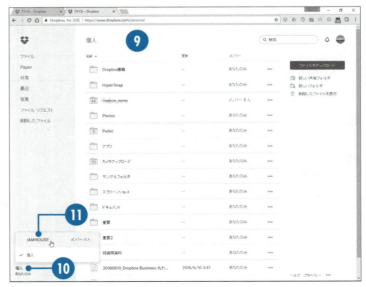

⓬ 企業用のDropboxに切り替わる。

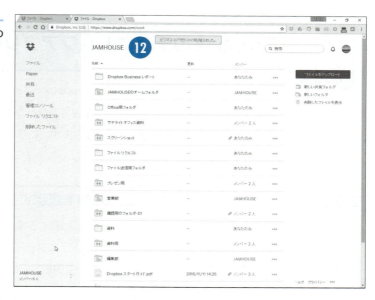

個人用アカウントを新規に作る

手順5で個人用のメールアドレスとパスワードを入力し、[Dropbox 利用規約に同意します]をチェックして[Dropbox（個人用）を作成する]をクリックして[Dropbox（個人用）を設定する]をクリックすると、個人用のアカウントを新規作成して併用できるようになります。

リンクを解除する

個人用と企業用のDropboxアカウントのリンクは解除することもできます。手順3の[プロフィール]タブを表示し、[リンクを解除]をクリックすれば解除できます。

2-8 Dropboxのセキュリティと設定　109

2-9 Dropboxのデスクトップアプリの活用

Windows、Mac、Linux向けには、Dropboxデスクトップアプリが用意されています。このアプリを導入すると、Dropboxを通常のローカルドライブのように利用できるようになり、クラウドとも自動的に同期できます。ここでは、Windows版のデスクトップアプリの便利な機能や設定について説明します。

2-9-1 デスクトップアプリの設定画面を表示する

Windows、Mac、LinuxでDropboxを利用する場合は、デスクトップアプリをインストールしておくと、Dropboxを通常のドライブと同様に利用できます。また、各種設定を変更することで、デスクトップアプリの機能を変更することができます。ここでは、Windows用のデスクトップアプリで、設定の画面を開く方法を説明します。

❶ 通知領域のDropboxのアイコンをクリックする。

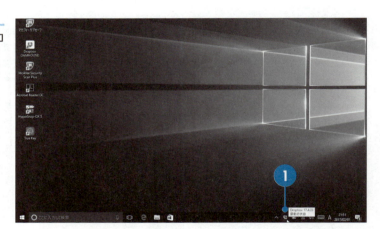

❷ 右上の歯車アイコンをクリックする。

❸ ［基本設定］を選択する。

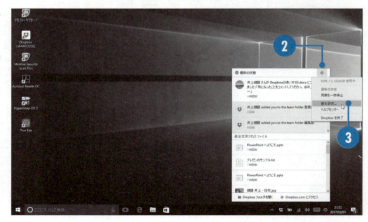

第2章 日々の業務でDropboxを利用する

❹ デスクトップアプリの設定画面が表示される。

Mac版の場合

Macの場合は、画面右上でDropboxのアイコンをクリック→メニュー右上で設定のボタンをクリック→［基本設定］をクリックの手順で設定のウィンドウを開きます。

個人用Dropboxと企業用Dropboxをリンクしている場合

個人用のDropboxと企業用のDropboxをリンクしている場合は、［アカウント］に2つのタブが表示されます。アカウントに関する設定をするときは、タブを切り替えて設定してください

2-9 Dropboxのデスクトップアプリの活用

2-9-2　クラウドと同期するフォルダを指定する（選択型同期）

デスクトップアプリでは、ローカルとクラウドで同期するフォルダを指定できます。ローカル側で同期するフォルダを少なくすれば、ローカルのディスクを節約できます。SSDなどのディスク容量の小さいパソコンで有効です。

❶ 「2-9-1　デスクトップアプリの設定画面を表示する」の手順でデスクトップアプリの設定画面を表示する。

❷ ［アカウント］をクリックする。

❸ ［選択型同期］をクリックする。なお、個人用と企業用のタブがある場合は、設定する方のタブに切り替えてから［選択型同期］をクリックする。

❹ 同期するフォルダはチェックし、同期しないフォルダはチェックを外す。

❺ ［更新］をクリックする。

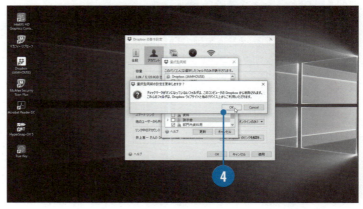

❻ ［OK］をクリックする。

選択型同期でディスクを節約

チェックを外したフォルダは、コンピュータ上から削除されて、同期されなくなります。必要なフォルダだけを同期することで、ディスクを節約することができます。なお、Dropbox.com上には、すべてのフォルダが保存されています。

Macでの設定

Macの場合は、画面右上でDropboxのアイコンをクリック→メニュー右上で設定のボタンをクリック→［基本設定］をクリックの手順で設定のウィンドウを開きます。そして、［アカウント］で［選択型同期］の［設定を変更］をクリックして同期するフォルダを指定してください。

2-9-3　スマートシンクの動作を設定する

企業向けDropboxのデスクトップアプリでは、「スマートシンク」という機能が利用できます。これは、クラウド上に存在するファイルをローカルのファイルと同様に扱えるようにする機能です（詳細はコラム「スマートシンクとは」を参照）。ここでは、スマートシンクの動作を変更する方法を説明します。

❶「2-9-1　デスクトップアプリの設定画面を表示する」の手順でデスクトップアプリの設定画面を表示する。

❷［アカウント］をクリックする。

❸［スマートシンク］で設定を変更する。設定による違いはHINTを参照。

❹［OK］をクリックする。

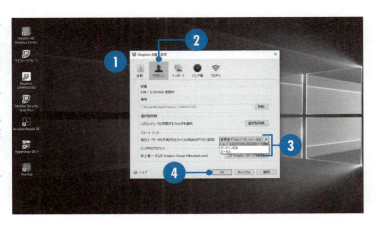

2-9 Dropboxのデスクトップアプリの活用

スマートシンクの設定

　[スマートシンク]では、次の3つを選択できます。この設定は、自分以外のユーザーが共有フォルダに保存したフォルダやファイルに対して適用されます。

- **管理者デフォルト**：管理者が管理コンソールで設定している初期設定です。管理者が「オンラインのみ」を指定していれば「オンラインのみ」、「ローカル」を指定していれば「ローカル」になります。
- **オンラインのみ**：クラウドにだけ保存してローカルには保存しません。ディスクを節約したいときはこちらを選択します。
- **ローカル**：クラウドとローカルの両方に保存します。すべてのフォルダやファイルを同期したいときはこちらを選択します。ただし、ディスク容量が必要になります。

スマートシンクとは

　企業では、部署やプロジェクト単位でファイルサーバー上に共有フォルダを作り、そこに大勢の社員が関連ファイルを保存して共有していることが少なくありません。

　これはDropboxを利用する場合でも同じです。たとえば、Dropboxに「営業資料」という共有フォルダを作り、大勢の社員が関連ファイルを保存していたら、「営業資料」フォルダには、たくさんのファイルが蓄積されることになります。

　したがって、Dropboxのデスクトップアプリを利用していると、ローカルとクラウドが自動的に同期されるため、パソコンの「営業資料」フォルダにも、たくさんのファイルが蓄積されます。このため、ディスク容量の小さいパソコンを使っていると、あっというまにディスクがいっぱいになります。

　選択型同期で「営業資料」フォルダを同期しない設定にすればよさそうですが、そうすると、今度は「営業資料」フォルダ内のファイルに素早くアクセスできないという問題が起きてしまいます。

　そこで開発されたのが「スマートシンク」です。スマートシンクでは、クラウド上のファイルのファイル名やファイルサイズ、サムネイルなどの最小限の情報だけをローカルに保存して、ファイルをローカルで扱えるようにします。そして、ファイルをダブルクリックしてアプリケーションに読み込んだり、コピー/移動したりするとき、ファイル本体を自動的にダウンロードして、処理を継続する仕組みになっています。

　このため、ユーザーはディスクを節約しつつ、クラウド上のすべてのファイルにもアクセスできます。

　なお、Dropboxの初期設定では、共有フォルダ内で自分が作成したフォルダやファイルはクラウド/ローカルの両方に保存され、他のメンバーが作成したフォルダやファイルはクラウドだけ（オンラインのみ）に保存される設定になっています。

　エクスプローラーでは、ファイルのアイコンで、クラウド/ローカルの両方にあるかクラウドだけにあるかが区別されます。また、エクスプローラーでフォルダやファイルを右クリックし、[スマートシンク]を選択すれば、[ローカル]/[オンラインのみ]を選択できます。[ローカル]を選択すればクラウドとローカルの両方に保存され、[オンラインのみ]を選択すればクラウドだけに保存されます。

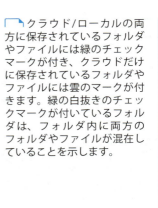

クラウド/ローカルの両方に保存されているフォルダやファイルには緑のチェックマークが付き、クラウドだけに保存されているフォルダやファイルには雲のマークが付きます。緑の白抜きのチェックマークが付いているフォルダは、フォルダ内に両方のフォルダやファイルが混在していることを示します。

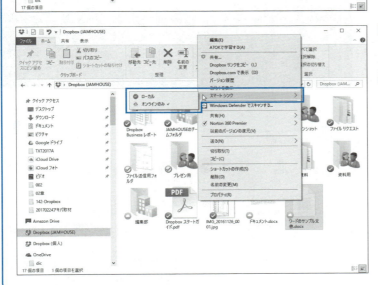

フォルダやファイルを右クリックして[スマートシンク]を選択すれば、[ローカル]/[オンラインのみ]を選択できます。

2-9-4　スクリーンショットを自動的にDropboxに保存する

　Windows、Macでデスクトップアプリを導入している場合は、画面のスクリーンショットをpng形式の画像ファイルにして、Dropboxのフォルダに保存することができます。この機能は有効/無効を切り替えることができます。

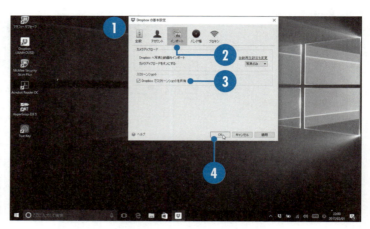

❶「2-9-1　デスクトップアプリの設定画面を表示する」の手順でデスクトップアプリの設定画面を表示する。

❷［インポート］をクリックする。

❸［Dropboxでスクリーンショットを共有］をチェックする。

❹［OK］をクリックする。これで、スクリーンショットがDropboxの「スクリーンショット」フォルダに自動的に保存されるようになる。

個人用/企業用のDropboxをリンクしている場合

　個人用のDropboxと企業用のDropboxをリンクしている場合は、どちらのDropboxに保存するかを選択できます。

WindowsやMacでスクリーンショットを撮る操作

WindowsやMacで画面のスクリーンショットを撮る操作は次のとおりです。以下の操作をすると、「スクリーンショット 2016-12-18 22.43.32.png」のような名前の画像ファイルが、Dropboxの「スクリーンショット」フォルダに自動的に保存されます。画像はpng形式となります。

＜Windows＞
- [Print Screen]キー：画面全体
- [Alt]+[Print Screen]キー：アクティブなウィンドウ

＜Mac＞
- [⌘]+[Shift]+[3]キー：画面全体
- [⌘]+[Shift]+[4]キー：ドラッグした範囲
- [⌘]+[Shift]+[3]を押したあとで[space]キーを押し、ウィンドウをクリックで選択：選択したウィンドウ

2-9-5　Dropboxバッジの設定を変更する

　Dropboxバッジは、Windows版やMac版のMicrosoft Word、Excel、PowerPointでDropbox上のファイルを編集するとき表示されるアイコンのことです。ここでは、Dropboxバッジの設定方法を説明します。なお、Dropboxバッジの機能・使い方については、コラム「Dropboxバッジとは」を参照してください。

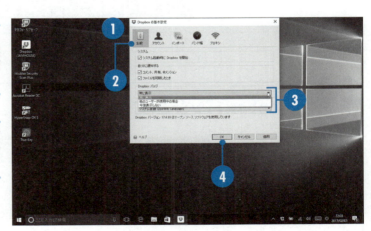

❶ 「2-9-1　デスクトップアプリの設定画面を表示する」の手順でデスクトップアプリの設定画面を表示する。

❷ [全般]をクリックする。

❸ [Dropboxバッジ]で設定する。設定による違いはHINTを参照。

❹ [OK]をクリックする。

2-9 Dropboxのデスクトップアプリの活用

Dropboxバッジの設定による違い

［Dropboxバッジ］では、次の3つを設定できます。

- **常に表示**：Dropboxバッジを常に表示します。
- **他のユーザーが使用中の場合**：他のメンバーがそのファイルを使用している場合だけ表示します。
- **今後表示しない**：Dropboxバッジを無効にします。

現在のファイルだけでDropboxバッジを一時的に非表示にする

Dropboxバッジをクリックし、メニューの［非表示］をクリックすると、現在編集中のファイルではDropboxバッジが表示されなくなります。ただし、Officeアプリを再起動し、同じファイルを読み込むと、再びDropboxバッジが表示されます。

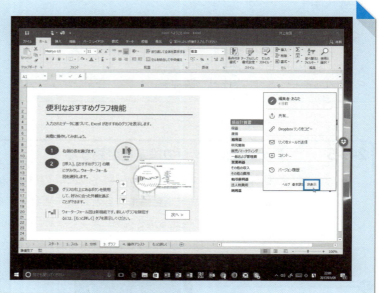

Dropboxバッジとは

　「Dropboxバッジ」は、Windows版やMac版のMicrosoft Word、Excel、PowerPointでDropbox上のファイルを編集しているとき、アプリケーションウィンドウの端に表示されるアイコンです。「Dropboxバッジ」は、現在編集中のOfficeファイルを、別のメンバーが編集しているときにも表示されます。バッジをクリックするとメニューが表示され、表2-Aのような処理ができます。

　なお、Dropboxバッジは、ドラッグによってウィンドウ端上の好きな位置に移動することができます。

表2-A　バッチをクリックして行える処理

可能な処理	具体的な内容
ファイルの閲覧者や編集者の表示	他のメンバーが同じファイルを閲覧・編集しているとき、そのメンバー名を表示します。
最新バージョンへの更新	他のメンバーがファイルを新しいバージョンとして保存したとき、すぐにその新しいバージョンに更新できます。
作業中のファイルの共有	編集中のファイルをすぐに共有できます。［共有］では相手を指定した共有、［Dropboxリンクをコピー］ではリンクのクリップボードへのコピー、［リンクをメールで送信］ではメールでリンクを送信できます。
コメントの追加	［コメント］をクリックすると、DropboxのWebサイトに移動して、編集中のファイルにコメントを追加できます。
バージョンの確認	［バージョン履歴］を選択すると、DropboxのWebサイトに移動して、編集中のファイルのバージョン履歴を表示します。バージョン履歴のページで、ファイルの変更内容を元に戻したり、前のバージョンを復元したりできます。

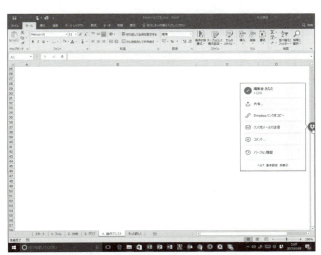

フォルダやファイルを右クリックして［スマートシンク］を選択すれば、［ローカル］／［オンラインのみ］を選択できます。

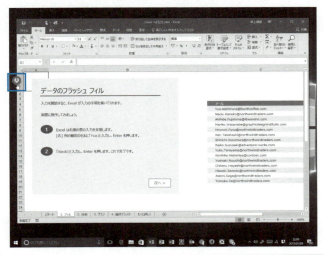

ウィンドウの端であれば、ドラッグで好きな位置に移動できます。

2-9 Dropboxのデスクトップアプリの活用

Chapter 3

管理者として作業する

　Dropbox Businessでは、チームやメンバーを管理したり、セキュリティ設定を行う管理者が重要な役割を持っています。ここでは、管理者向けに用意されている機能や設定について説明します。

- 管理コンソールの使い方とヘルプ
- チームの管理
- チームフォルダの管理
- チーム活動の監視
- 企業管理グループの利用
- Dropboxのセキュリティと設定
- アカウントの管理

3-1 管理コンソールの使い方とヘルプ

　Dropboxの管理者は、「管理コンソール」を使ってメンバーやチームフォルダなどを管理します。管理コンソールが利用できるのは管理者だけです。ここでは、管理コンソールの表示方法や機能の概要を確認しておきましょう。また、問題が発生したり、わからないことがあったときのために、ヘルプの使い方やサポートの受け方も説明します。

3-1-1 管理コンソールを利用する

　Dropboxの管理者は、左側のメニューにある［管理コンソール］をクリックすると、さまざまな管理機能の提供された管理コンソールを利用できます。管理コンソールを呼び出す手順は以下のとおりです。

❶ Dropboxのファイルやフォルダの一覧画面で［管理コンソール］をクリックする。

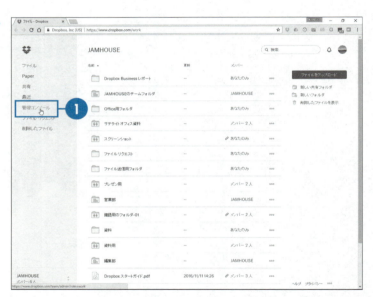

❷ 新しいタブが開いて、管理コンソールが表示される。左上のDropboxのアイコンをクリックすると、フォルダやファイルの一覧に戻る。

管理コンソールでは、左側に管理者専用のメニューが用意されています。各メニューをクリックすると、対応する管理画面に切り替わります。管理コンソールで利用できるメニューの機能は、次のとおりです。

- **ダッシュボード**

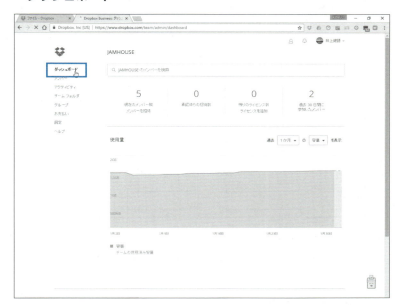

チームの活動（アクティビティ）に関する情報を確認したり、管理するメンバーを迅速に見つけたりする機能が提供されます。チームメンバーのディスク容量、作成した共有フォルダ、アクティブなデバイスなど、さまざまな情報を表示できます。

- **メンバー**

チームメンバーの追加/削除、メンバーの活動の監視、メンバーのパスワードリセットなど、メンバーに関するさまざまな機能を管理します。

● アクティビティ

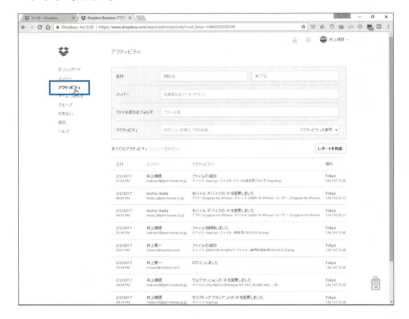

特定のイベントを表示したり、指定した期間の詳細なアクティビティレポートを作成したりできます。メンバーごとに、詳細な活動を確認することも可能です。

● チームフォルダ

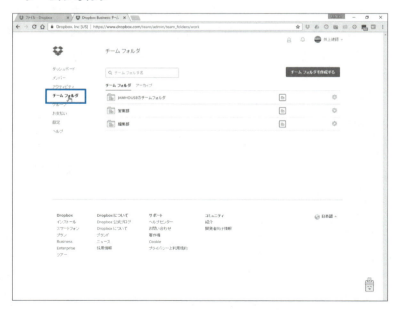

チームメンバーに自動的に共有されるチームフォルダの管理を行います。

- **グループ**

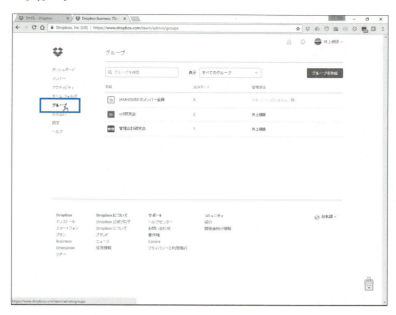

複数のチームメンバーをまとめたグループに関する管理を行います。

- **お支払い**

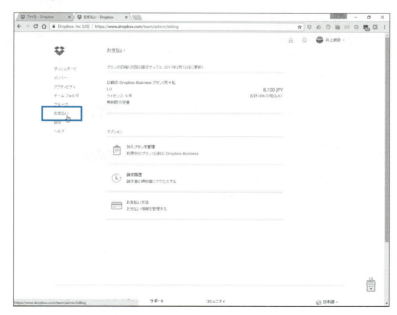

現在のプランの表示や支払い情報の更新、支払い履歴などを確認できます。

- 設定

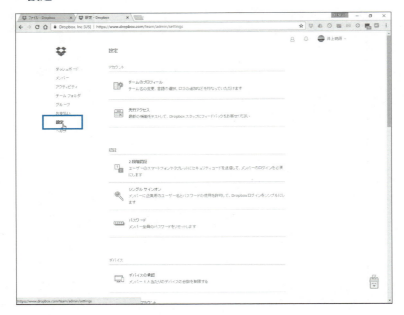

認証やデバイス、メンバー、コンテンツなどの各種設定を行います。ここでの設定が、他のチームメンバーの環境にも影響します。

- ヘルプ

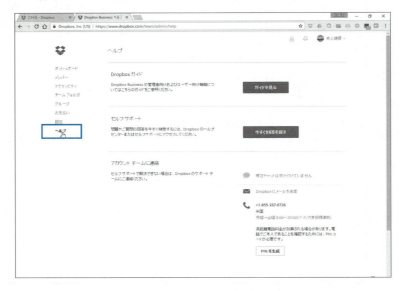

Dropboxのヘルプを表示します。なお、販売店経由で購入された場合は、ヘルプの内容が異なる場合があります。

管理者の種類による権限の違い

　Dropbox Business (Advanced/Enterprise) の管理者には、「チーム管理者」「ユーザー管理者」「サポート管理者」の3種類があります。最初は「チーム管理者」が1人ですが、チーム管理者は他のメンバーに3種類の管理者の権限を個別に付与できます。なお、管理者による権限の違いは、次のとおりです。

表3-1　管理者階層による違い

組織設定	チーム管理者	ユーザー管理者	サポート管理者
先行アクセス プログラムの参加	◯	×	×
グローバル認証設定	◯	×	×
サードパーティ製アプリとのリンク	◯	×	×
グローバル共有管理の変更	◯	×	×
チーム フォルダの作成/削除	◯	×	×
Dropbox Paper の設定管理	◯	×	×
デバイスの承認の管理	◯	×	×
ネットワーク制御設定の管理	◯	×	×
企業管理グループの作成	◯	◯	◯
グループ メンバーの変更	◯	◯	◯
チーム メンバーが所有する共有リンクの管理	◯	◯	◯
メンバー管理	**チーム管理者**	**ユーザー管理者**	**サポート管理者**
ユーザーの代理ログイン	◯	×	×
ドメイン招待メールの作成	◯	◯	×
チーム メンバーの招待/削除	◯	◯	×
チーム メンバーのメール アドレス変更	◯	◯	×
招待メールのリマインダーの送信	◯	◯	×
アカウント移行	◯	◯	×
管理者以外のメンバーの削除	◯	◯	×
管理者以外のパスワードのリセット	◯	◯	◯
管理者以外のウェブ セッションの終了	◯	◯	◯
管理者のウェブ セッションの終了	◯	×	×
管理者の役割の作成/割り当て	◯	×	×
管理者の役割の一時停止/削除	◯	×	×
管理者パスワードのリセット	◯	×	×
チーム フォルダ マネージャーからのチーム フォルダの作成、管理、アーカイブ	◯	×	×
閲覧権限	**チーム管理者**	**ユーザー管理者**	**サポート管理者**
管理者以外のアクティビティ レポート	◯	◯	◯
メンバー タブの閲覧	◯	◯	◯
アカウント タブの閲覧	◯	×	×
会社のアクティビティ フィードの閲覧	◯	◯	×
ダッシュボードの閲覧	◯	◯	◯
チーム メンバー プロフィールの閲覧	◯	◯	◯
アカウント設定	**チーム管理者**	**ユーザー管理者**	**サポート管理者**
ライセンスの追加	◯	×	×
［お支払い］へのアクセス	◯	×	×
［アカウント］の変更	◯	×	×
［ヘルプ］、［サポートへのお問い合わせ］へのアクセス	◯	◯	◯

3-1-2　ヘルプを確認する / サポートを受ける

　Dropboxを使っていてわからないことがあったら、さまざまな方法で情報を調べることができます。ここでは、ヘルプ情報を調べる複数の方法を説明します。

❶ 管理コンソールの［ヘルプ］をクリックする。

❷ 必要なリンク、ボタンをクリックしてヘルプ情報を確認する。

ガイドを利用する

　［ガイドを見る］をクリックすると、一般のメンバー用と管理者用のガイドを見ることができます。［スタート］をクリックすれば、一般メンバー/管理者それぞれについて、必要な情報を確認することができます。

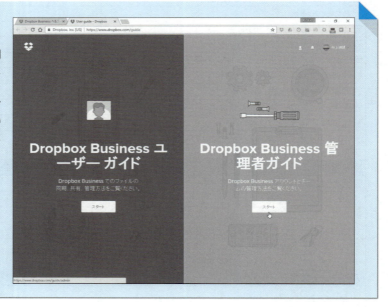

今すぐ回答を探す

　［今すぐ回答を探す］をクリックすると、Dropboxのヘルプセンターが表示されます。項目から必要な情報を確認することもできますし、右上の検索ボックスに調べたい内容に関するキーワードを入力して情報を検索することもできます。

項目からヘルプ情報を調べることができる

右上の検索ボックスにキーワードを入力すれば、関連する情報を検索できる

セルフサポート

［セルフサポート］の［サポート］をクリックすると、対話形式で必要な情報を絞り込むことができます。表示される質問に順番に答えていくと、関連する情報にたどり着ける仕組みになっています。それでもわからない場合は、［追加サポートをリクエスト］をクリックすることで、サポートを依頼することもできます。

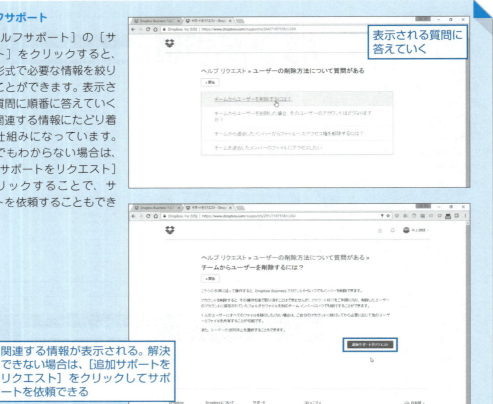

表示される質問に答えていく

関連する情報が表示される。解決できない場合は、［追加サポートをリクエスト］をクリックしてサポートを依頼できる

メールと電話でのサポート

［Dropboxにメールを送信］をクリックすると、専用のフォームから問い合わせることができます。また、Advanced/Enterpriseプランの場合は、電話でのサポートも提供されています。

［Dropboxにメールを送信］をクリックすると、専用の問い合わせフォームが表示される

3-2 チームの管理

チームの管理者は、最初にメンバーを招待します。ここでは、その操作と招待された側の操作について説明します。また、他のメンバーに管理者権限を付与する方法と他のメンバーの代理でログインする方法も説明します。

3-2-1 チームにメンバーを招待する

Dropboxの利用を開始するには、管理者はチームのメンバーを招待する必要があります。管理者は、契約しているライセンス数だけメンバーを招待することができます。

❶ 管理コンソールの［メンバー］をクリックする。

❷ ［メンバーを招待する］をクリックする。

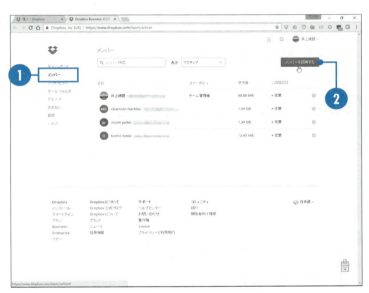

❸ 相手のメールアドレスを入力する。

❹ 必要であればメッセージを入力する（省略可）。

❺ ［招待を送信］をクリックする。

❻ 確認のメッセージが表示されたら、もう一度［招待を送信］をクリックする。招待された側の操作は、個人のDropboxアカウントを持っているかどうかで異なるので、それぞれ以下を参照。

- 個人のDropboxアカウントを持っていない場合の設定 ➡
「3-2-2　招待された側の設定：個人のDropboxアカウントを持っていない場合」
- 個人のDropboxアカウントを持っている場合の設定 ➡
「3-2-3　招待された側の設定：個人のDropboxアカウントを持っている場合」

3-2-2　招待された側の設定：個人のDropboxアカウントを持っていない場合

「3-2-1　チームにメンバーを招待する」の操作によって管理者から招待された側の手順は以下のとおりです。ここでは、招待された側が、Dropboxの個人アカウントを持っていない場合を想定しています。

❶ メールで招待を受け取った側は、メール中の［チームに参加する］をクリックする。

❷ Webブラウザが起動して、Dropboxにログインする画面が表示されたら、「名前」「姓」「パスワード」を入力する。

❸ [Dropbox利用規約に同意します]をチェックする。

❹ [アカウントを作成]をクリックする。

❺ アカウントの作成のメッセージが表示されたら、[Dropboxウェブサイトにアクセスする]をクリックして、Dropboxのサイトにアクセスする。

❻ Dropboxの画面が表示される。

Dropboxのデスクトップアプリのインストール

　アカウント作成に成功したあとは、Dropboxのデスクトップアプリをインストールしてください。[デスクトップ版Dropboxをダウンロード]をクリックして表示される指示にそって作業すればインストールできます。

3-2-3 招待された側の設定：
個人のDropboxアカウントを持っている場合

「3-2-1　チームにメンバーを招待する」の操作によって管理者から招待された側の手順は以下のとおりです。ここでは、招待された側が、Dropboxの個人アカウントを持っている場合を想定しています。

❶ メールで招待を受け取った側は、メール中の［チームに参加する］をクリックする。なお、このあとメールの確認を求められる場合もある。その場合は、確認のボタンをクリックする。

❷ チームへの参加方法を選択する。［このアカウントで（チーム名）に参加する］か［現在のアカウントを個人用で維持する］を選択する。ここでは、［このアカウントで（チーム名）に参加する］を選択する。

❸ ［確認］をクリックする。

個人のアカウントを維持する

手順2で［現在のアカウントを個人用で維持する］を選択した場合は、個人用の新しいアカウントを用意することで、個人用のDropboxと企業用のDropboxを併用することができます。その場合は、個人用のDropboxで利用する新しいメールアドレスとパスワードを登録する必要があります。

❹ [Dropboxウェブサイトにアクセスする] をクリックする。

❺ Dropboxの画面が表示される。

招待の通知が表示される

すでにDropboxを利用している場合は、招待があったことを知らせる通知が表示されます。[承諾] をクリックすれば、チームに参加する手続きに進みます。

個人用と企業用のDropboxを切り替える

個人用Dropboxと企業用Dropboxは、左下のチーム名の表示をクリックすると切り替えられます。

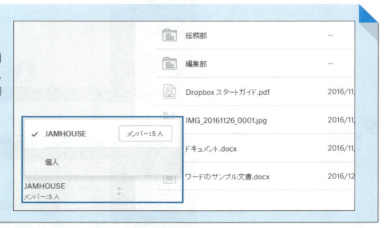

3-2 チームの管理

3-2-4 他のメンバーに管理者権限を追加する

Dropbox Business（Advanced/Enterprise）の管理者は、他のメンバーを管理者として設定することができます。管理者にはチーム管理者/ユーザー管理者/サポート管理者の3種類があるので、メンバーの人数が多い場合は、部門単位やプロジェクト単位で適切な管理者を配置することで、効率的に管理することができます。

❶ 管理コンソールの［メンバー］をクリックする。

❷ 管理者にするメンバー右端の歯車アイコンをクリックしてメニューを開く。

❸ ［管理者権限を追加］を選択する。

❹ ［チーム管理者］/［ユーザー管理者］/［サポート管理者］のいずれかを選択する。

❺ ［追加］をクリックする。

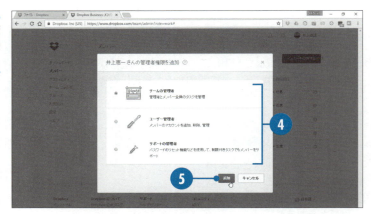

❻ 確認のメッセージが表示されたら［管理者権限を追加］をクリックする。

❼ ユーザーに管理者権限が追加されて、[ステータス]に管理者の種類が表示される。

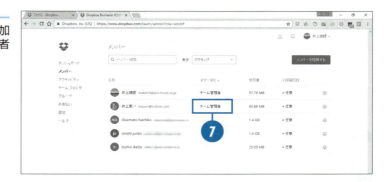

管理者権限による違い

管理者権限が追加されると、そのユーザーのログイン後のメニューに[管理コンソール]が追加されます。なお、チーム管理者、ユーザー管理者、サポート管理者の違いについては、表3-1を参照してください。

設定した管理者権限の変更と削除

設定した管理者権限を変更するには、ユーザー右端の歯車アイコンをクリックしてメニューを開き、[管理者権限を変更]を選択します。表示された画面で権限を変更できます。また、権限を削除するには、[管理者権限を削除]をクリックします。

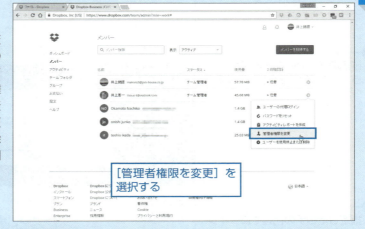

[管理者権限を変更]を選択する

管理者権限の変更と削除ができる

3-2 チームの管理

3-2-5　特定のメンバーの代理としてログインする

Dropbox Business（Advanced/Enterprise）の管理者は、他のメンバーの代理としてログインすることができます。特定のメンバーが何らかの理由でログインできない場合などに必要になる機能です。なお、アクティビティには代理でログインしたことが記録されます。

❶ 管理コンソールの［メンバー］をクリックする。

❷ 代理でログインするメンバー右端の歯車アイコンをクリックしてメニューを開く。

❸ ［ユーザーの代理ログイン］を選択する。

❹ 確認のメッセージが表示されたら［ログイン］をクリックする。

❺ 指定した相手の代理でログインし、相手のDropboxのフォルダやファイルにアクセスできるようになる。

❻ 必要な作業を行ったら、ページ上部の［ログアウト］をクリックする。

代理でログインできるのはチーム管理者だけ

メンバーの代理でログインできるのは、チーム管理者だけです。また、アクティビティには、代理でログインして操作した内容が、すべて記録されます。

3-3 チームフォルダの管理

「チームフォルダ」は、チーム管理者だけが作成できるフォルダです。チームフォルダを作成すると、そこに保存したファイルは、すべて他のメンバーと自動的に共有されます。ここでは、チームフォルダの作成やアクセス権の設定、アーカイブの方法などを説明します。

3-3-1 チームフォルダを作成する

チーム管理者はチームフォルダを作成できます。作成したチームフォルダは、他のメンバーのDropboxにも表示され、そこに保存するファイルはすべて自動的に共有されます。

❶ 管理コンソールの［チームフォルダ］をクリックする。

❷ ［チームフォルダを作成する］をクリックする。

❸ チームフォルダの名前を入力する。

❹ ［作成］をクリックする。

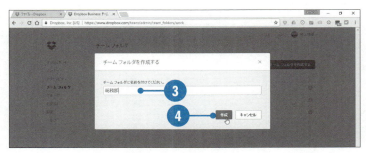

❺ ［グループを追加］にチームのメンバー全員が設定されていることを確認する。

❻ 右端の編集権限をクリックして、［編集可能］または［閲覧可能］を選択する。

❼ [追加] をクリックする。

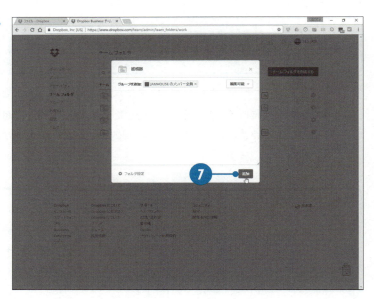

❽ チームフォルダが作成されて、チームのメンバー全員のDropboxに表示される。

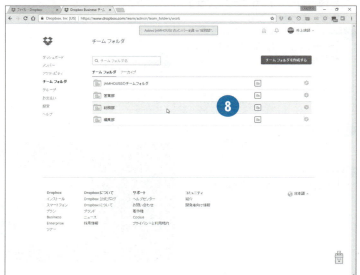

> **チームフォルダとは**
>
> チームフォルダは、チーム管理者だけが作成できる特殊なフォルダです。チームフォルダは、各チームのメンバーのDropboxに自動的に表示されます。

3-3-2 チームフォルダのアクセス権を設定する

チームフォルダのアクセス権は、あとから変更することができます。［編集可能］だと全員がフォルダやファイルの編集が可能であるのに対して、［閲覧可能］だと閲覧だけができます。

❶ 管理コンソールの［チームフォルダ］をクリックする。

❷ チームフォルダ右端の歯車アイコンをクリックする。

❸ ［アクセスを管理］をクリックする。

❹ ［○○のメンバー全員］の右端をクリックして、［編集可能］／［閲覧可能］を選択する。

❺ 右上の［×］をクリックして設定画面を閉じる。

チームフォルダの現在のアクセス権限を確認する

フォルダ一覧で、チームフォルダの [📄] にマウスポインタを合わせると、そのチームフォルダの現在のアクセス権が表示されます。

チームフォルダ内に作ったフォルダの共有

手順4の画面で左下の［フォルダ設定］をクリックすると、チームフォルダ内のフォルダの共有方法を細かく設定できます（表3-2参照）。

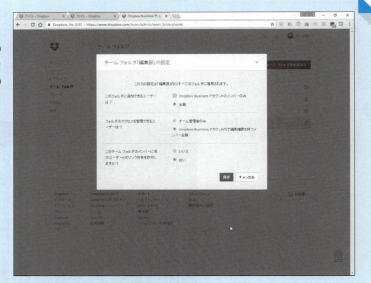

表3-2 ［フォルダ設定］をクリックして設定できる詳細な共有方法

設定の質問項目	設定する内容
このフォルダに追加できるユーザーは？	フォルダを共有できるユーザーを、現在のチームのメンバーに限定する（Dropboxアカウントのメンバーのみ）か、限定しないか（全員）を指定します。
フォルダのアクセスを管理できるユーザーは？	フォルダのアクセス権を変更できるユーザーを、チーム管理者のみに限定するか、現在のチームのメンバーのうち編集権限を持つメンバー全員にするかを指定します。
このチームフォルダのメンバーに他のユーザーとのリンク共有を許可しますか？	リンクを使った共有を許可するか（はい）、許可しないか（いいえ）を指定します。

3-3-3 チームフォルダをアーカイブする

プロジェクトの終了や組織変更などで利用しなくなったチームフォルダがある場合は、アーカイブしておくことができます。アーカイブしたチームフォルダは表示されなくなりますが、必要に応じてフォルダ内に保存されているファイルを確認したり、復元したりできます。

❶ 管理コンソールの[チームフォルダ]をクリックする。

❷ チームフォルダ右端の歯車アイコンをクリックする。

❸[アーカイブ]をクリックする。

❹ 確認のメッセージが表示されたら[アーカイブ]をクリックする。

アーカイブしたチームフォルダは[アーカイブ]タブに表示される

アーカイブしたチームフォルダは、管理コンソールの[チームフォルダ]の[アーカイブ]タブに表示されます。なお、管理者以外のメンバーには、アーカイブされたチームフォルダは表示されなくなります。

3-3 チームフォルダの管理

3-3-4 アーカイブしたチームフォルダを復元する／完全に削除する

アーカイブしたチームフォルダは、元の状態に復元したり、完全に削除したりできます。ここでは、復元する方法を説明します。

❶ 管理コンソールの［チームフォルダ］をクリックする。

❷ ［アーカイブ］タブに切り替える。

❸ 復元したいチームフォルダ右端の歯車アイコンをクリックする。

❹ ［復元］を選択する。

❺ グループを追加するかどうかを確認するメッセージが表示されたら、［グループを追加］をクリックする。

❻ ［グループを追加］にチームのメンバー全員が設定されていることを確認する。

❼ 右端の編集権限をクリックする。

❽ ［編集可能］または［閲覧可能］を選択する。

❾ [追加] をクリックする。

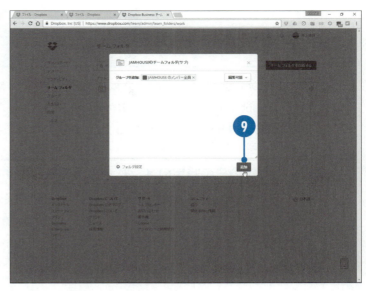

❿ 復元したチームフォルダが [アーカイブ] タブから消えて、[チームフォルダ] タブに表示される。

アーカイブしたチームフォルダを完全に削除する

手順4で [完全に削除] を選択すると、アーカイブしたチームフォルダを完全に削除できます。確認のメッセージが表示されたら、[完全に削除] をクリックしてください。

3-3 チームフォルダの管理

3-4 チーム活動の監視

Dropboxでは、管理者も含めて、全員のメンバーの活動がすべて記録されています。Dropboxでは、その記録を「アクティビティ」と呼びます。管理者は、いつでもアクティビティを確認することができます。ここでは、アクティビティの確認方法を説明します。

3-4-1 特定の日の特定のメンバーの活動を確認する

管理コンソールの［アクティビティ］を利用すると、チームのメンバーの活動履歴を確認することができます。Dropboxでは、すべての履歴が記録され、必要に応じてメンバーや日時などを指定して履歴を絞り込むことができます。

❶ 管理コンソールの［アクティビティ］をクリックする。

❷ ［開始日］と［終了日］をクリックしてカレンダーから日付を選択し、調べたい期間を指定する。特定の日だけ調べるなら、［開始日］と［終了日］の日付を同じにする。

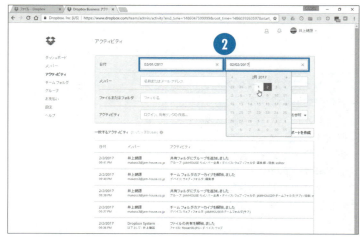

146　第3章 管理者として作業する

❸ [メンバー]に調べたいメンバーの名前またはメールアドレスを入力する。入力中にメンバーのリストが表示されたら、そこから選択する。

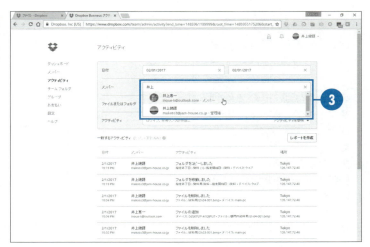

❹ 指定した日・期間の指定したメンバーの活動が絞り込まれて表示される。

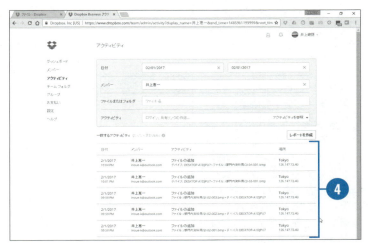

何も指定しなければすべての活動が表示される

アクティビティのページを表示した直後は、条件が何も設定されていない状態で、すべての活動が表示されています。また、一覧の中にある[▼]をクリックすれば、メニューに表示される条件でアクティビティを絞り込むことができます。

3-4 チーム活動の監視　147

ファイル、フォルダ、アクティビティでの絞り込み

　［ファイルまたはフォルダ］で、ファイル名やフォルダ名を入力すれば、そのファイルやフォルダに関するアクティビティを絞り込めます。また、［アクティビティを参照］をクリックすると、アクティビティの種類を指定して絞り込めます。

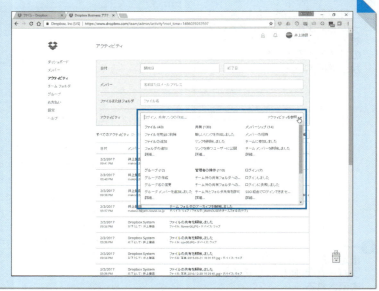

メンバーごとにアクティビティを確認する

　管理コンソールの［メンバー］でメンバーをクリックすると、そのメンバーのさまざまな情報が表示されます。その中の［最近のアクティビティ］には、そのメンバーの最近の活動履歴が表示されます。［アクティビティをすべて表示］をクリックすると、そのメンバーの活動履歴をすべて表示できます。

3-4-2 活動のレポートを作成する

アクティビティは、レポートとしてCSV形式のファイルに出力することができます。Excelなどに読み込めば、履歴情報をより詳細に分析することができます。

❶ 確認したいアクティビティを絞り込む。

❷ [レポートを作成] をクリックする。

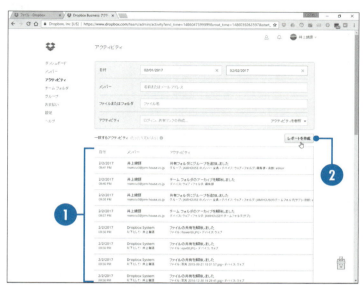

❸ 確認のメッセージが表示されたら [レポートを作成] をクリックする。なお、活動のデータが多い場合は、レポートの作成に時間がかかる場合がある。

❹ レポート作成が完了すると、チーム管理者宛に確認のメールが届く。また、作成されたレポートは「Dropbox Businessレポート」というフォルダに保存される。ここでは、「Dropbox Businessレポート」フォルダをクリックする。

⑤ 見たいレポートをクリックする。

⑥ レポートが表示される。

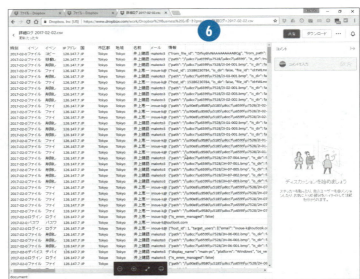

レポートはCSV形式のファイル

作成されるのは、CSV形式のテキストファイルです。右上の［ダウンロード］をクリックしてダウンロードすれば、Excelなどに読み込んで分析することができます。

3-5 企業管理グループの利用

Dropboxでは、複数のメンバーをグループにまとめる機能が用意されています。グループには、ユーザーが自由に作成できる「ユーザー管理グループ」と管理者だけが作成できる「企業管理グループ」の2種類があります。ここでは、企業管理グループについて説明します。「ユーザー管理グループ」については、「2-7　グループを利用する」を参照してください。

3-5-1 企業管理グループを作成する

企業管理グループは、管理者だけが作成できるグループです。「総務部」「営業部」のように、一般のメンバーが自分の意思で自由に出入りできないグループは、企業管理グループで管理します。ここでは、企業管理グループを作成する方法を説明します。

❶ 管理コンソールの［グループ］をクリックする。

❷ ［グループを作成］をクリックする。

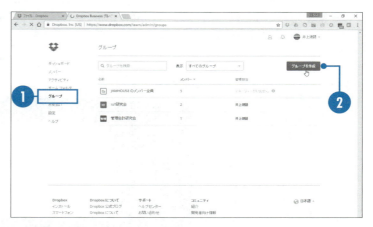

❸ グループ名を入力する。

❹ ［企業管理グループ］を選択する。

❺ ［作成］をクリックする。

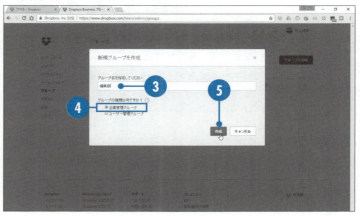

3-5 企業管理グループの利用　151

❻ 企業管理グループが作成される。

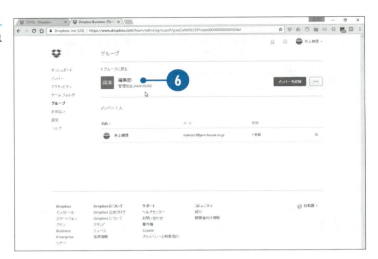

グループの種類

グループには「企業管理グループ」と「ユーザー管理グループ」の2種類があります。「企業管理グループ」は、管理者だけが作成できて、管理者だけがメンバーを追加/削除できるグループです。「ユーザー管理グループ」は個々のメンバーが自由に作成できるグループで、メンバーの承認・退会も自由です。「ユーザー管理グループ」については「2-7 グループを利用する」を参照してください。

一般のメンバー用のメニューを使う

管理者は、管理コンソールではなく一般メンバー用のメニューで企業管理グループを作成することもできます。［グループを作成］をクリックすると、企業管理グループ/ユーザー管理グループを選択できます。

企業管理グループにメンバーを追加する

グループにメンバーを追加する方法は、2章で説明している「ユーザー管理グループ」と同じです。「2-7-2 グループにメンバーを追加する」を参照してください。

企業管理グループの特徴

企業管理グループのメンバーを追加・削除できるのは管理者だけです。一般のメンバーは、企業管理グループに参加リクエストを送ることはできません。また、登録されたら、自分で退会することもできません。

3-5-2 企業管理グループからメンバーを削除する

企業管理グループにメンバーを追加・削除できるのは、管理者だけです。ここでは、企業管理グループからメンバーを削除する方法を説明します。

❶ 管理コンソールの［グループ］をクリックする。

❷ グループをクリックする。

❸ 削除したいメンバー右端の［×］をクリックする。

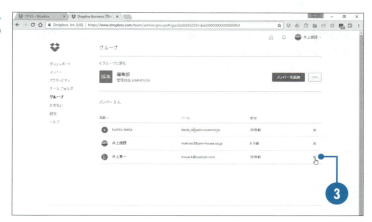

❹ 確認のメッセージが表示されたら［削除］をクリックする。

3-5 企業管理グループの利用　153

⑤ メンバーが削除される。

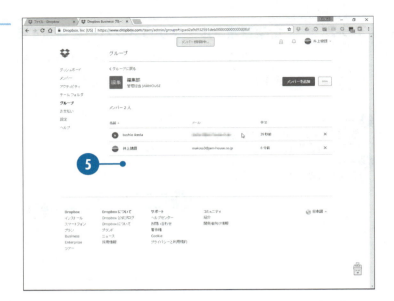

空の企業管理グループを作る

　企業管理グループには、ユーザー管理グループのマネージャーは存在しません。企業管理グループを管理できるのは、あくまで管理者だけです。また、企業管理グループを作成後、自分を削除して、自分が含まれない企業管理グループを作ることもできます。

一般のメンバー用のメニューを使う

　管理者は、管理コンソールではなく一般メンバー用のメニューで企業管理グループを選択して、メンバーを削除することもできます。

3-5-3 企業管理グループをユーザー管理グループに切り替える

企業管理グループは、ユーザー管理グループに変更することができます。企業管理グループとしての厳格な管理が不要になった場合などに、ユーザー管理グループに変更するといった使い方ができます。

❶ 管理コンソールの［グループ］をクリックする。

❷ グループをクリックする。

❸ ［…］をクリックしてメニューを開く。

❹ ［ユーザー管理にする］を選択する。

❺ ユーザー管理グループのマネージャーにするメンバーを指定する。名前またはメールアドレスを入力し、表示されたらメンバーから選択する。

3-5 企業管理グループの利用　155

❻ [ユーザー管理にする] をクリックする。

❼ ユーザー管理グループに切り替わる。マネージャーになったメンバーの名前には「マネージャー」と表示される。

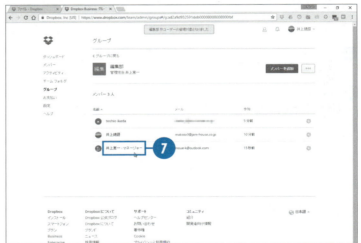

ユーザー管理グループを企業管理グループに切り替える

ユーザー管理グループを選択し、[…] で開くメニューから [企業管理にする] を選択すると、企業管理グループに切り替えることができます。

3-6 Dropboxのセキュリティと設定

Dropboxでは、管理者はDropboxの機能やメンバーに関するさまざまな設定ができます。たとえば、メンバーがパスワードを忘れたら、パスワードをリセットするのも管理者の役割です。ここでは、管理者だけに許可されたセキュリティ関連の設定やメンバー管理の設定などを説明します。

3-6-1 メンバーが紛失したデバイスの同期を停止し、Dropboxのファイルを削除する

Dropboxを利用しているデバイスをメンバーが紛失した場合は、管理者がデバイスとDropboxのリンクを解除して同期を停止し、さらにデバイスに保存されているDropboxのファイルを削除することができます。

❶ 管理コンソールの［メンバー］をクリックする。

❷ Dropboxを削除するメンバーをクリックする。

❸ ［デバイス］でDropboxを削除するデバイス右端の［×］をクリックする。

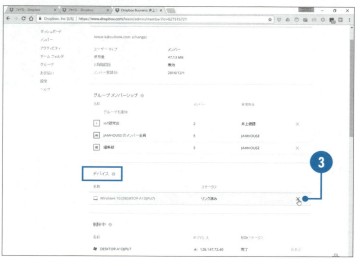

❹ そのデバイスに保存されている Dropbox ファイルを削除する場合は、[このパソコンが次回オンラインに〜] をチェックする。

❺ [削除] をクリックする。これで、そのデバイスで Dropbox との同期が停止し、次にオンラインになったとき、Dropbox のファイルが削除される。

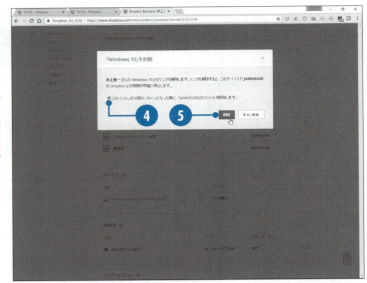

**ローカルに
ファイルがない場合**

　スマートフォンやタブレットなどで、デバイスに Dropbox のファイルが保存されていない場合は、[このパソコンが次回オンラインに〜] のチェックボックスは表示されません。

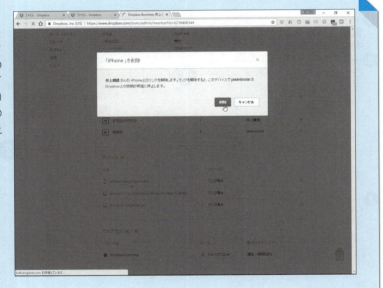

同期の停止と Dropbox ファイルの削除が必要な理由

　Dropbox のデスクトップアプリを導入していると、パソコンの起動とともに自動的に Dropbox にログインして、フォルダやファイルが同期されます。このため、デバイスが紛失・盗難に遭うと、Dropbox に勝手にログインされて、情報が盗まれる危険があります。それを避けるには、本項で説明した方法で同期を停止し、ローカルの Dropbox のファイルを削除する必要があります。

3-6-2 メンバーのDropboxの使用を停止する

長期休暇などの理由で、メンバーが一時的にチームを抜ける場合は、そのメンバーのDropboxの利用を停止することができます。必要であればすぐに解除できるので、一時的に利用停止したいときに便利です。なお、利用停止してもライセンスは維持されます。

❶ 管理コンソールの［メンバー］をクリックする。

❷ 使用を停止するメンバー右端の歯車アイコンをクリックしてメニューを開く。

❸ ［ユーザーを使用停止または削除］を選択する。

❹ ［使用停止］をオンにする。

❺ そのメンバーが次回、Dropboxにアクセスしたとき、そのメンバーのデバイスからコンテンツを削除するかどうかを指定する。

❻ ［使用停止］をクリックする。

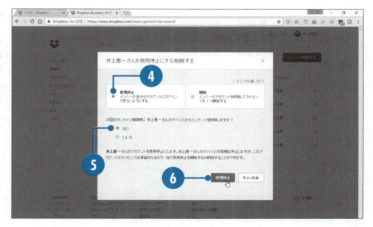

❼ 使用停止にされたメンバーは、自動的にDropboxからログアウトし、Dropboxが利用できなくなる。

3-6 Dropboxのセキュリティと設定

3-6-3 メンバーの使用停止を解除する

Dropboxの使用を停止されたメンバーは、管理者が使用停止を解除することで、Dropboxの利用を再開できます。解除されると、そのメンバーは再びDropboxにログインできるようになり、以前と同じフォルダやファイルを利用できます。

❶ 管理コンソールの［メンバー］をクリックする。

❷ ［表示］をクリックし、［使用停止中］を選択する。これで、使用停止中のメンバーが一覧表示される。

❸ メンバー右端の歯車アイコンをクリックし、メニューから［ユーザーの使用停止を解除する］を選択する。

❹ 確認のメッセージが表示されたら［使用停止を解除する］をクリックする。

3-6-4　メンバーを削除する

異動や退職などで、メンバーがチームを完全に抜ける場合は、メンバーを削除することができます。削除するとライセンスが1つ空くので、別のメンバーに割り当てることもできます。なお、Dropboxでは、削除したメンバーを復活する機能も提供されています。

❶ 管理コンソールの［メンバー］をクリックする。

❷ 削除するメンバー右端の歯車アイコンをクリックしてメニューを開く。

❸ ［ユーザーを使用停止または削除］を選択する。

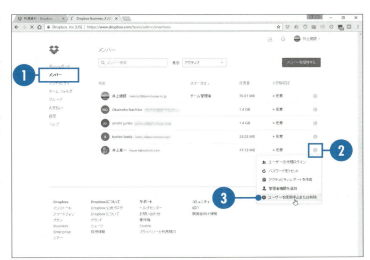

❹ ［削除］を選択する。

❺ そのメンバーのコンテンツを別のメンバーに引き継ぐ場合は、［現在］を選択してメンバーの名前またはメールアドレスを入力して指定する。指定しない場合は［後にする］を選択する。

❻ そのメンバーが次回、Dropboxにアクセスしたとき、そのメンバーのデバイスからコンテンツを削除するかどうかを指定する。

❼ ［削除］をクリックする。

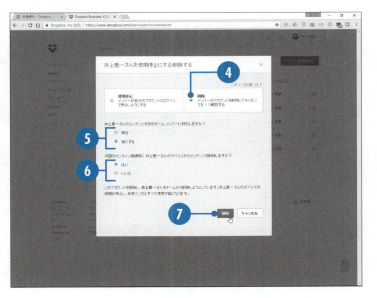

削除すると使用中のライセンスが1つ減る

メンバーを削除すると、使用中のライセンスが1つ減り、新しいメンバーにそのライセンスを割り当てることができるようになります。

3-6 Dropboxのセキュリティと設定　161

❽ 削除されたメンバーは自動的にDropboxからログアウトし、ログインしようとすると、アカウントが削除されたことがメッセージ表示される。

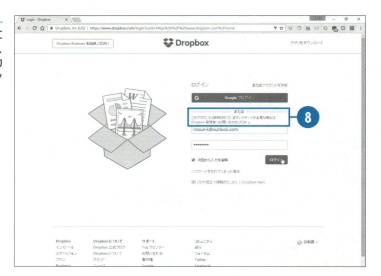

3-6-5　削除したメンバーを復元する

Dropboxから削除したメンバーは、削除から7日以内であれば、管理者によって復元することができます。復元されたメンバーは、再びDropboxにログインできるようになり、以前と同じフォルダやファイルを利用できます。ただし、ファイルを削除してしまうと、復活できなくなるので注意してください。

❶ 管理コンソールの［メンバー］をクリックする。

❷ ［表示］をクリックし、［削除済み］を選択する。これで、削除されたメンバーが一覧表示される

❸ メンバー右端の歯車アイコンをクリックし、メニューから［ユーザーを復元する］を選択する。

❹
確認のメッセージが表示されたら［復元］をクリックする。これで、メンバーが復元される。

3-6-6　メンバーに2段階認証を強制する

　Dropboxの初期設定では、2段階認証を利用するかどうかは、各メンバーがそれぞれ自分の判断で選択することができます。ただし、よりセキュリティを高めたいのであれば、管理者はメンバーに2段階認証の利用を強制することもできます。

❶
管理コンソールの［設定］をクリックする。

❷
［認証］の［2段階認証］をクリックする。

❸
［選択したチームメンバーに2段階認証を要求します］をチェックする。

3-6 Dropboxのセキュリティと設定

④ メンバー全員に要求するか、特定のメンバーに要求するかを選択する。ここでは、[特定のメンバーに要求する]を指定する。

⑤ [確認]をクリックする。

⑥ メンバーの名前またはメールアドレスを入力し、表示されたリストからメンバーを選択する。同じ手順で複数のメンバーも指定できる。

⑦ [続ける]をクリックする。

⑧ [確認]をクリックする。

⑨ 2段階認証を要求する設定になる。2段階認証を有効にされたメンバーの操作は、次項を参照。

設定は次回のログインから

2段階認証を有効にしても、現在ログインしている場合は、そのままログインした状態が継続されます。2段階認証は、いったんログアウトし、次にログインしたとき必要になります。

3-6-7　2段階認証を要求されたメンバー側の操作

管理者に2段階認証を要求されたメンバーは、次回のログイン時に、2段階認証の設定が必要になります。ここでは、その操作を説明します。

1
Dropboxのログイン画面でメールアドレスとパスワードを入力して、[ログイン]をクリックする。

2
[スタート]をクリックする

3
もう一度、Dropboxにログインする際のパスワードを入力する。

4
[次へ]をクリックする。

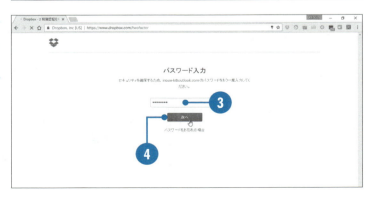

3-6 Dropboxのセキュリティと設定

5 セキュリティコードの受信方法を設定する。ここでは、[テキストメッセージ]を選択し、携帯電話の電話番号を入力する。

6 [コードを送信]をクリックする。

モバイルアプリを使用する場合

[モバイルアプリを使用]を選択した場合は、Dropboxが対応している次のようなセキュリティコード生成アプリを利用できます。

- Google Authenticator（Android/iPhone/BlackBerry）
- Duo Mobile（Android/iPhone）
- Amazon AWS MFA（Android）
- Authenticator（Windows Phone 7）

7 携帯電話のSMSに届いた6桁の数字を入力する。

8 [次のステップ]をクリックする。

⑨ 緊急時に2段階認証をリセットできるコードが表示されるのでメモしておく。[コードを印刷]をクリックすると印刷できる。

⑩ [2段階認証を有効にする]をクリックする。

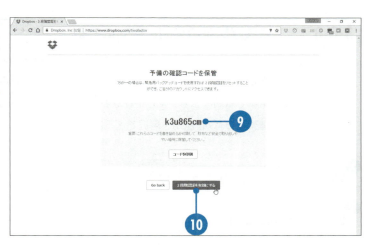

⑪ 2段階認証が有効になった。[Dropboxに移動]をクリックする。

⑫ Dropboxの画面に切り替わる。

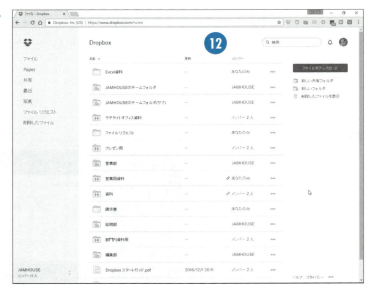

3-6-8 2段階認証の強制を無効にする

　管理者は、メンバーに強制した2段階認証を無効にできます。セキュリティ上は2段階認証があった方が安全ですが、何らかの理由で利用できない場合は、ここで説明する手順で無効にしてください。なお、強制を無効にすると、メンバーは自分の判断で2段階認証の有効/無効を選択できるようになります。

❶ 管理コンソールの［設定］をクリックする。

❷ ［認証］の［2段階認証］をクリックする。

❸ ［管理］をクリックする。

❹ メンバーの［×］をクリックする。

5
［変更を保存］をクリックする。

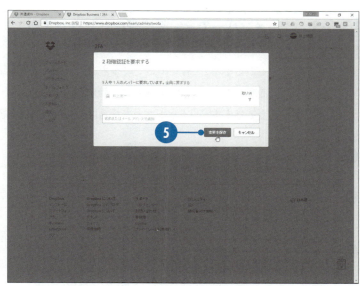

6
［確認］をクリックする。

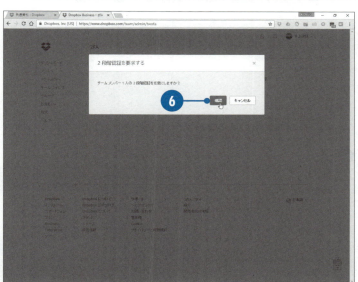

メンバーの判断で2段階認証の有効／無効を設定できるようになる

管理者が2段階認証の強制を無効にしても、メンバーの2段階認証の設定は、そのまま継続されます。ただし、メンバーは、自分の判断で2段階認証を無効にすることもできるようになります。

2段階認証を有効にするメンバーを追加する

手順4でメンバーのメールアドレスを入力して［ユーザーを追加］をクリックすると、2段階認証を有効にしたいメンバーを追加できます。

3-6 Dropboxのセキュリティと設定

3-6-9 メンバーの2段階認証をリセットする（デバイスを紛失したときの対応）

2段階認証を有効にしているメンバーが、携帯電話の紛失などで2段階認証のコードを受け取れなくなった場合は、管理者がそのメンバーの2段階認証をリセットすることができます。リセットされた場合は、再度、2段階認証の設定が必要になります。

❶ 管理コンソールの［メンバー］をクリックする。

❷ メンバーの右端にある歯車アイコンをクリックしてメニューを開く。

❸ ［2段階認証をリセットする］を選択する。

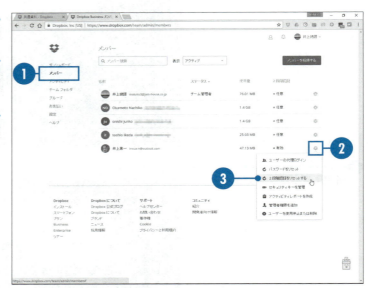

❹ ［リセット］をクリックする。

2段階認証の再設定が必要

2段階認証をリセットすると、リセットされたメンバーは、再度、2段階認証を設定する必要があります。

リセットが必要になるケース

メンバーが携帯電話を紛失すると、2段階認証に必要なコードを受け取ることができなくなります。そのような場合に、チーム管理者が、そのメンバーの2段階認証をリセットします。

3-6-10　特定のメンバーのパスワードをリセットする

メンバーがDropboxにログインするためのパスワードを忘れてしまうと、管理者はそのメンバーのパスワードをリセットする必要があります。ここでは、その手順を説明します。

❶ 管理コンソールの［メンバー］をクリックする。

❷ パスワードをリセットしたいメンバー右端の歯車アイコンをクリックしてメニューを開く。

❸ ［パスワードをリセット］をクリックする。

❹ 確認のメッセージが表示されたら［パスワードをリセット］をクリックする。

❺ リセットを要求されたメンバーは、次にDropboxにログインする際、または新しいデバイスをリンクする際に、既存のパスワードではログインできなくなる。

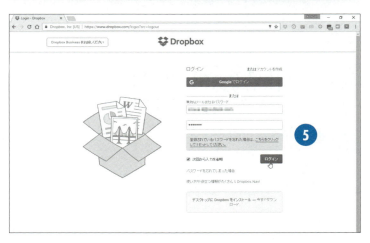

3-6 Dropboxのセキュリティと設定

パスワード変更は次回のログイン時から

すでにDropboxにログインしている場合は、管理者にパスワードをリセットされても、引き続きDropboxにアクセスできます。ただし、いったんログアウトして、次にログインするとき、または新しいデバイスをリンクするとき、パスワードの再登録の手続きが必要になります。具体的な手順は、「2-8-7 パスワードを忘れたときの対処」を参照してください。

メンバー全員のパスワードをリセットする

メンバー全員のパスワードを一括でリセットすることもできます。その場合は、管理コンソールの[設定]で[パスワード]をクリックし、[パスワードをリセット]をクリックしてください。

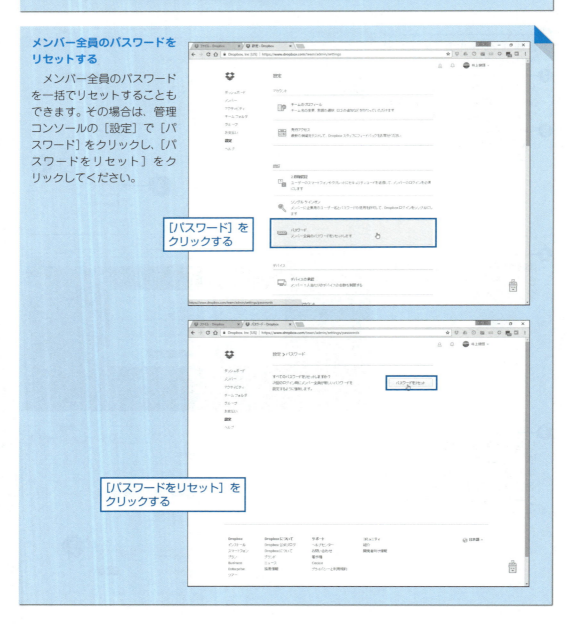

[パスワード]をクリックする

[パスワードをリセット]をクリックする

3-6-11 メンバーがグループを作成できないようにする

Dropboxの初期設定では、メンバーは自由にグループ（ユーザー管理グループ）を作って複数のメンバーをまとめて管理することができます。ただし、グループが増えすぎると、管理が大変になって混乱する可能性もあります。そうした事態を避けたい場合は、管理者はメンバーがグループを作成できないようにすることもできます。

❶
管理コンソールの［設定］をクリックする。

❷
［メンバー］の［グループ］をクリックする。

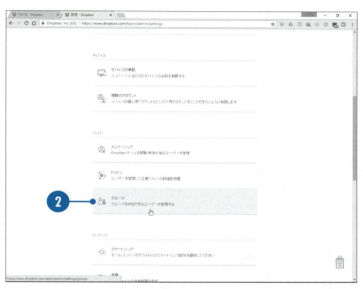

❸
［ユーザー管理グループ］で［オフ］をクリックする。

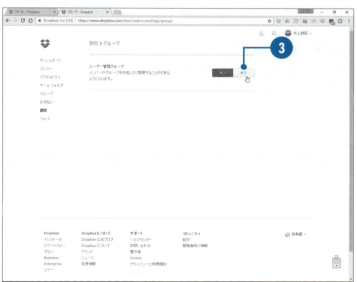

3-6 Dropboxのセキュリティと設定　173

❹ [変更を適用] をクリックする。これで、一般のメンバーはグループを作成できなくなる。なお、変更しないで元に戻すなら [削除] をクリックする。

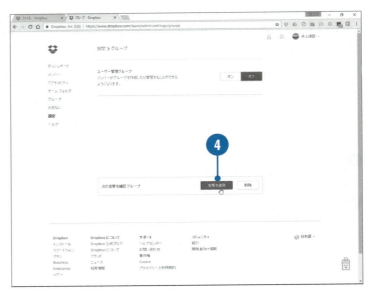

作成のボタンが使えなくなる

[ユーザー管理グループ] で [オフ] にすると、一般メンバーのグループの画面で [グループを作成] ボタンがクリックできなくなります。

管理者はグループを作成できる

[ユーザー管理グループ] で [オフ] にしても、すでに作成済みのグループは有効です。また、管理者はグループを作成することができます。

再び作成可能にする

設定を戻して、再びユーザー管理グループを作成可能にするには、手順3で [ユーザー管理グループ] を [オン] に変更します。

3-6-12 ファイルリクエスト機能の有効/無効を設定する

ファイルリクエストは、Dropboxアカウントを持っていないユーザーからもファイルを収集できる便利な機能です。ただし、使う必要がないのであれば、機能そのものを無効にすることができます。

❶ 管理コンソールの［設定］をクリックする。

❷ ［ファイルリクエスト］をクリックする。

❸ ［ファイルリクエスト］で［オフ］をクリックする。

❹ ［変更を適用］をクリックする。変更しないで元に戻すなら［削除］をクリックする。

「ファイルリクエスト」のメニューが消える

ファイルリクエストを無効にすると、他のメンバーのメニューから［ファイルリクエスト］が消えて使えなくなります。

3-6 Dropboxのセキュリティと設定

3-6-13 メンバー1人が使えるデバイスの台数を制限する

　Dropbox Business（Advanced/Enterprise）では、1人のメンバーが使えるパソコンやスマートデバイスの台数を制限することができます。初期設定では無制限ですが、セキュリティや管理の観点から台数を制限したい場合は、ここで説明する方法で制限してください。

❶
管理コンソールの［設定］をクリックする。

❷
［デバイスの承認］をクリックする。

❸
各項目で設定を変更する。項目の詳細はHINTを参照。

❹ ［変更を適用］をクリックする。変更しないで元に戻すなら［削除］をクリックする。

設定項目の詳細

各項目で設定できる内容は、表3-3のとおりです。

表3-3　デバイスの承認で設定できる項目と内容

項目	内容
パソコン	Dropboxのデスクトップアプリから Dropboxに接続する際に、1人のメンバーが利用できるパソコンの台数を指定します。
モバイルデバイス	Dropboxのモバイルアプリから Dropboxに接続する際に、1人のメンバーが使用できるスマートフォンやタブレットの台数を指定します。
リンクを解除したデバイス	メンバーがパソコンおよびモバイルデバイスのリンクを解除したとき、そのデバイスをデバイスの承認で指定した台数に含めるかどうかを設定します。［デバイスを削除］すると制限数の対象から外れます。［デバイスの承認を維持］すると制限数の対象になります。
デバイス数の上限を超えています	設定した制限数を超えたメンバーがチームに参加したときの対応を設定します。［もっとも古いデバイスを削除］すると、古いデバイスを削除してデバイス数が制限内に収まるようにします。［すべてのデバイスを削除］すると、すべてのデバイスを削除して接続を解除します。［例外リストに追加］すると、そのメンバーを例外リストに追加して、接続できる台数を無制限にします。
例外リスト	台数を制限した場合に、例外的に無制限で接続できるメンバーを指定します。［例外なし］をクリックすると、メンバーを追加できます。

3-6 Dropboxのセキュリティと設定

3-6-14　1台のパソコンで個人／企業用の2つのDropboxアカウントを利用できないようにする

　Dropboxの初期設定では、個人用のDropboxアカウントとビジネス用のDropboxアカウントをリンクして、1台のパソコンで切り替えて利用できます。ただし、ここで説明する設定を行うと、1台のパソコンで利用できるDropboxアカウントを1つだけに制限することができます。

❶
管理コンソールの［設定］をクリックする。

❷
［複数のアカウント］をクリックする。

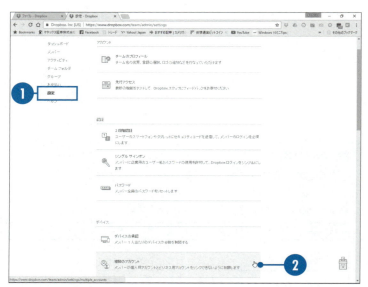

❸
［複数のアカウント］で［オフ］をクリックする。

❹
[変更を適用]をクリックする。
変更しないで元に戻すなら[削除]をクリックする。

リンクを禁止してセキュリティを高める
　企業が従業員に配布しているパソコンなどで、セキュリティの観点から個人アカウントでのDropboxの利用を禁止したい場合などに、この設定が有効です。

3-6-15　シングルサインオンを有効にする

　　　　　シングルサインオンは、1組のIDとパスワードを入力すれば、複数のクラウドサービスや社内システムに自動的にログインできる機能です。Dropbox Business（Advanced/Enterprise）はシングルサインオンをサポートしています。利用するためにはシングルサインオンに必要な情報を「アイデンティティプロバイダ」で設定しておく必要があります。ここでは、Dropbox側でシングルサインオンを有効にする手順を説明します。

❶
管理コンソールの[設定]をクリックする。

❷
[認証]の[シングルサインオン]をクリックする。

3-6 Dropboxのセキュリティと設定

❸ [シングルサインオンを有効にする] をチェックする。

❹ シングルサインオンの方法として [任意] か [必須] を選択する。

❺ アイデンティティプロバイダから受け取ったログインURLを入力する。

❻ [証明書を選択] をクリックして、アイデンティティプロバイダから取得した証明書ファイルをアップロードする。

❼ [変更を保存] をクリックする。

対応している証明書ファイルの種類
Dropboxは、「.pem」「.cer」「.crt」のファイル形式に対応しています。

「任意」と「必須」
手順4では [任意] か [必須] を選択します。[任意] だとユーザーは各自のDropboxパスワードまたはシングルサインオンのパスワードを使ってログインできます。[必須] だと、Dropboxにアクセスするすべてのユーザーは、アイデンティティプロバイダにログインする必要があります。

Googleアカウントでの
ログインの有効/無効

Dropboxの初期設定では、Googleアカウントでログインすることができます。手順3で［Googleアカウントでのログインを無効にする］をチェックして［変更を保存］をクリックすると、Googleアカウントでのログインを無効にできます。

 Column

サテライトオフィス・シングルサインオン for Dropbox Business

本書の監修者であるサテライトオフィスでは、Dropbox Businessを利用する企業向けにシングルサインオンを実現する「サテライトオフィス・シングルサインオン for Dropbox Business」というサービスを提供しています。

本サービスを利用すると、Dropbox BusinessやG Suite、Office 365、salesforceなどのクラウドサービス、社内システム・基幹系システムにおけるシングルサインオンを実現できま

す。さらに、ネットワークや端末による細かなアクセス制御やパスワード強化、ログイン履歴などを簡単かつ柔軟に設定、管理することもできます。

また、シングルサインオンの設定支援や社内システムとの連携を支援するサービスも提供していますので、Dropbox Businessと同時にシングルサインオンも実現したい場合は、ぜひご利用ください。

3-6-16 共有方法の初期設定を変更する

Dropboxの初期設定では、メンバーはチーム外のメンバーともフォルダやファイルを共有することができます。ただし、メンバー内だけの閉じた環境で情報をやりとりしたいのであれば、管理者は共有を禁止することもできます。

❶ 管理コンソールの［設定］をクリックする。

❷ ［コンテンツ］の［共有］をクリックする。

❸ 各項目のオン/オフを変更する。項目の詳細はHINTを参照。

❹
[変更を適用] をクリックする。
変更しないで元に戻すなら [削除] をクリックする。

既存のフォルダやファイルの共有設定は変わらない

　ここでの設定は、フォルダやファイルに新たに共有を設定する際に有効になります。すでに共有されているフォルダやファイルの設定は変化しません。

共有の各項目の内容

　各項目で設定できる内容は、次のとおりです。

表3-4　[コンテンツ] の [共有] で設定できる項目と内容

項目	内容
チーム外のユーザーとファイルやフォルダを共有	チームのメンバーがチーム外のユーザーとファイルやフォルダを共有することを許可するかどうかを選択します。
チーム外のフォルダの編集	チーム外のユーザーが作成したフォルダを、チームのメンバーが編集することを許可するかどうかを選択します。
チーム外のユーザーとリンク共有	チームのメンバーがチーム外のユーザーとリンクを共有することを許可するかどうかを選択します。
デフォルトの共有リンクプライバシー	チームのメンバーが作成した共有リンクの公開範囲を設定します。[全員] だとすべてのユーザーに公開するか、チームのメンバーだけにするかを選択できます。[チームのみ] だとチームのメンバーだけに公開されます。

3-6 Dropboxのセキュリティと設定

3-6-17 メンバーにファイルを完全削除させないようにする

Dropboxの初期設定では、チームのメンバーはファイルを完全に削除することができます。しかし、勝手にファイルを削除されると困る場合はこれを禁止し、ファイルを完全削除できるのを管理者だけに制限することができます。

❶ 管理コンソールの［設定］をクリックする。

❷ ［コンテンツ］の［削除］をクリックする。

> **代理ログインして削除する**
>
> 完全削除を管理者だけに制限した場合、管理者はメンバーの代理でログインし、ファイルを完全に削除できます。なお、削除できるのは、Dropboxに保存されているファイルとDropbox Paperのドキュメントやファイルです。

❸ ［完全に削除］で［オフ］をクリックする。

❹ ［変更を適用］をクリックする。変更しないで元に戻すなら［削除］をクリックする。

3-6-18 コメントを追加できないようにする

　Dropboxの初期設定では、ファイルにコメントを追加することができます。しかし、コメントの追加を禁止したい場合は、ここで説明する設定で、コメントを追加できないように変更できます。

❶ 管理コンソールの［設定］をクリックする。

❷ ［コンテンツ］の［コメント］をクリックする。

❸ ［コメント］で［オフ］をクリックする。

❹ ［変更を適用］をクリックする。変更しないで元に戻すなら［削除］をクリックする。

3-6 Dropboxのセキュリティと設定

3-6-19　スマートシンクの初期動作を設定する

スマートシンクは、Dropboxのデスクトップアプリで、クラウド（オンライン）にあるファイルをローカルにあるのと同じように扱える機能です（「2-9-3　スマートシンクの動作を設定する」を参照）。管理者は、スマートシンクの初期動作を設定することができます。

❶ 管理コンソールの［設定］をクリックする。

❷ ［コンテンツ］の［スマートシンク］をクリックする。

❸ ［オンラインのみ（推奨）］／［ローカルで同期］を選択する。変更すると、すぐに設定が反映される。

［オンラインのみ（推奨）］／［ローカルで同期］の違い

［オンラインのみ（推奨）］の場合、他のメンバーがクラウドに保存したファイルはクラウドだけに保存されます。［ローカルで同期］の場合、クラウドとローカルの両方に保存されます。メンバーがディスク容量の小さいパソコンを利用している場合は、［オンラインのみ（推奨）］を選択することで、ディスク容量を節約できます。必ずローカルと同期させる必要がある場合は、［ローカルで同期］を選択してください。

メンバーはスマートシンクを個別設定できる

　メンバーは、デスクトップアプリの設定で、スマートシンクを個別に設定することもできます。

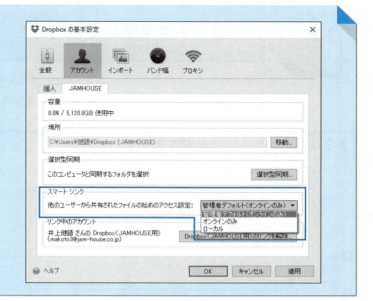

3-7 アカウントの管理

Dropboxでは、管理者がライセンス契約や支払い設定を管理します。ここでは、契約しているDropboxのアカウントに関する設定を説明します。

3-7-1 チームの名前を変更する

Dropboxの開始直後に設定したチーム名は、あとから変更することができます。ただし、変更すると、他のメンバーのDropboxでも名前が自動的に変わるので、混乱しないように注意してください。

❶ 管理コンソールの［設定］をクリックする。

❷ ［アカウント］の［チームのプロフィール］をクリックする。

❸ ［チーム名］の［変更］をクリックする。

4
[表示名]で新しい名前を入力する。

5
[名前を変更]をクリックする。

6
チーム名が変更される。

請求先の企業名

手順5の[請求先]は、請求書に記載される企業名となります。したがって、ここは正式な企業名にしておくことをおすすめします。

メンバー全員のフォルダ名も変更される

チーム名を変更すると、メンバー全員のDropboxのチーム名も自動的に変更されます。

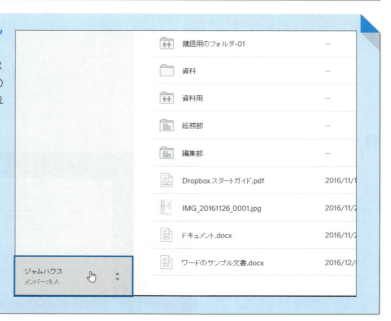

3-7 アカウントの管理　189

3-7-2 共有リンクのロゴを登録する

リンクで共有したフォルダやファイルをブラウザで表示したとき、左上に独自のロゴを表示することができます。企業のロゴを設定しておけば、オリジナリティを出せます。ここでは、ロゴとして使用する画像を登録する方法を説明します。

❶ 管理コンソールの[設定]をクリックする。

❷ [アカウント]の[チームのプロフィール]をクリックする。

❸ [ロゴ]の[アップロード]をクリックする。

❹ [パソコンからアップロード]をクリックする。

> **ドラッグ&ドロップで指定する**
>
> 手順4では、エクスプローラーからロゴの画像ファイルをドラッグ&ドロップしてもかまいません。

第3章 管理者として作業する

5
画像ファイルを選択する。

6
[開く]をクリックする。

7
ロゴ周囲の枠をロゴの外枠に揃える。

8
[完了]をクリックする。

9
ロゴがアップロードされた。

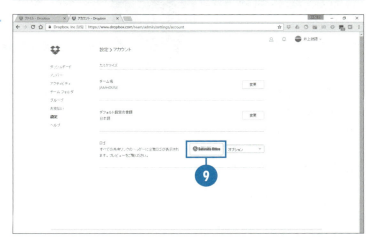

ロゴ画像のファイル形式とサイズ

ロゴとして使用できるのは、jpgまたはpng形式の画像ファイルです。また、推奨されるサイズは幅が140ピクセル、高さが30ピクセルです。

❿ 設定した画像は、リンクで共有したファイルを表示したとき、左上に表示される。

プレビューで確認する

手順9で［プレビューをご覧ください］をクリックすると、実際の表示をプレビューできます。

ロゴの削除と変更

ロゴ画像の設定後は、手順9の［オプション］をクリックすると、ロゴ画像の変更と削除ができます。

3-7-3 ライセンスを追加する

Dropboxを利用できるメンバーの数は、契約中のライセンス数に制限されます。したがって、メンバーを増やしたい場合は、ライセンスを追加購入する必要があります。

① 管理コンソールの［お支払い］をクリックする。

② ［加入プランを管理］をクリックする。

③ ［プランを管理］で［ライセンスを管理］をクリックする。

④ ［新しいライセンスの合計数］で新しい合計数を入力する。

⑤ ［ライセンスを追加する］をクリックする。これで、ライセンスが追加されて、追加された分の料金が請求されるようになる。

3-7 アカウントの管理　193

月間プランと年間プラン

　Dropboxには、月単位で支払う月間プランと年単位で支払う年間プランがあります。長期で利用する場合は、年間プランの方が割安になります。

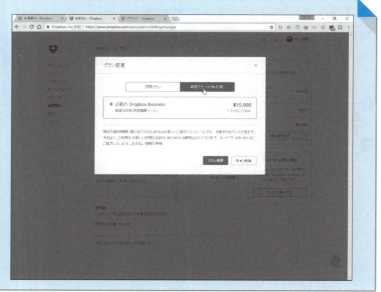

3-7-4　支払い方法を変更する

　　　　　Dropboxの支払い方法には、クレジットカードとPayPalが利用できます。支払い方法は利用開始時に設定しますが、途中で変更することもできます。ここでは、クレジットカードの情報を変更する方法を説明します。

❶
管理コンソールの［お支払い］をクリックする。

❷
［お支払い方法］をクリックする。

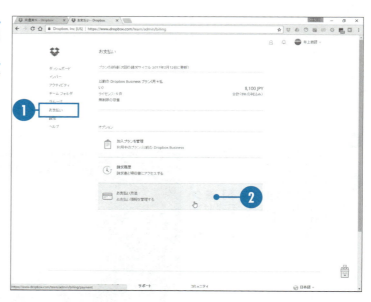

3
[更新]をクリックする。

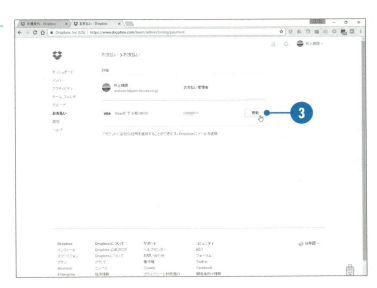

4
クレジットカードまたは[PayPal]を選択する。

5
番号や有効期限などの必要な情報を入力する。

6
[変更を保存]をクリックする。これで、支払い方法が更新される。

PayPalの場合

支払い方法としてPayPalを選択した場合は、PayPalのサイトに移動して、請求先の国名や郵便番号を指定する必要があります。

3-7 アカウントの管理　195

3-7-5 請求書・領収書を確認する

Dropboxの支払いに関わる請求書や領収書は、管理コンソールからいつでも確認し、印刷することができます。

❶ 管理コンソールの［お支払い］をクリックする。

❷ ［請求履歴］をクリックする。

❸ 請求と領収の履歴が表示されるので、確認したい［請求書］または［領収書］をクリックする。

❹ 請求書・領収書が表示される。

第3章 管理者として作業する

請求書・領収書を印刷する

手順4で右上の［請求書を印刷］／［領収書を印刷］をクリックすれば、請求書・領収書を印刷できます。

開発中の新機能を利用する

［先行アクセス］をクリックすると、開発中の新機能を一般ユーザーに公開される前に利用できます。また、機能についてDropboxにフィードバックを送ることもできます。

3-7 アカウントの管理

Chapter 4

モバイルアプリを利用する

Dropbox Businessは、モバイルアプリを利用して、スマートフォンやタブレットからも使用することができます。ここではiPhoneのアプリを例にして、ファイルのアップロードや移動、共有方法などの操作方法を紹介します。

- さまざまな端末からアクセスする
- ファイルの表示、アップロード
- ファイルの共有、コメント
- 個人用とビジネス用のDropboxを切り替える

4-1 さまざまな端末からアクセスする

　Dropboxは、パソコンだけでなく、スマホやタブレットからも利用することができます。利用するには、それぞれ対応したアプリをインストールする必要があります。

4-1-1　モバイルアプリの種類

　モバイル環境で使用できるDropboxのアプリには、以下のようなものがあります。

- **iPhoneアプリ**

App StoreからDropboxアプリをインストールします。iPhoneやiPadで使用できます。

- **Androidアプリ**

Google PlayからDropboxアプリをインストールします。Androidのスマートフォンで使用できます。

- **Windowsストアアプリ**

WindowsストアからDropboxアプリをインストールします。WindowsマシンやWindows Phoneで使用できます。

4-2 ファイルの表示、アップロード

　Dropboxアプリをインストールすると、パソコンやスマホ、タブレットなど、さまざまな端末で、同じファイルを扱えるようになります。ここでは、iPhoneのDropboxアプリを例に、ファイルの表示方法やアップロードのやり方について解説します。

4-2-1　ファイルを表示する

　Dropboxアプリで、保存してあるファイルを表示するには、ログインし、［ファイル］を選択します。

❶ Dropboxを開いたら、［ファイル］をタップする。

❷ Dropboxのファイル一覧が表示されるので、開きたいファイルをタップする。

❸ ファイルの内容が表示される。

対応ファイル形式

使用しているiPhone、またはiPadに対応しているすべてのファイル形式をプレビュー表示することができます。

- 画像（.jpg、.tiff、.gif）
- 音楽（.mp3、.aiff、.m4a、.wav）
- ムービー（.mov、.mp4、.m4v）
- Microsoft Word ドキュメント（.doc .docx）
- Microsoft PowerPoint プレゼンテーション（.ppt .pptx）
- Microsoft Excel スプレッドシート（.xls .xlsx）
- Adobe PDF（.pdf）
- Keynote プレゼンテーション（.key）
- Pages ドキュメント（.pages）
- Numbers スプレッドシート（.numbers）
- ウェブページ（.htm、.html）
- テキストおよびリッチテキスト形式ファイル（.txt、.rtf、.rtf、その他）

4-2-2　ファイルをアップロードする

iPhoneから写真や動画のファイルをDropboxにアップロードします。

❶ 画面下の［＋］をタップする。

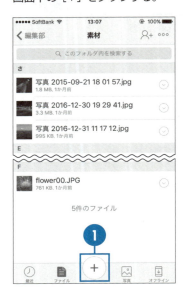

❷ ［写真をアップロード］をタップする。

❸
カメラロールが表示されるので、アップロードしたいファイルをタップして選択し、[次へ]をタップする。ファイルは一度に複数選択することができる。

❹
[アップロード先]でフォルダを選択し、[アップロード]をタップすれば、Dropboxにファイルがアップロードされる。

4-2-3　カメラで撮影した画像をアップロードする

カメラで撮影した画像を、自動的にDropboxにアップロードすることもできます。なお、アップロードには、Dropboxの個人用のアカウントが必要となります。

❶
左上の歯車のアイコンをタップする。

❷
[カメラアップロード]をタップする。

4-2 ファイルの表示、アップロード　203

❸ [Dropbox（個人用）をリンク] をタップし、画面の案内に従って操作し、リンクを完了する。

❹ [カメラアップロード] をオンにする。iPhone 内の写真や動画が、自動的にパソコンの個人用の Dropbox の [カメラアップロード] フォルダにアップロードされる。以降、写真や動画を撮ると、自動的にアップロードされるようになる。

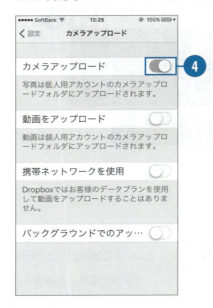

カメラアップロードの使用条件

カメラアップロードを使用するためには、Dropbox の個人用のアカウントを用意した上で、以下のいずれかの条件を満たしている必要があります。

- Dropbox デスクトップアプリケーションをダウンロードし、iPhone の Dropbox とリンクする。
- Dropbox Pro にアップグレードする。

4-2-4　ファイルをコピー/移動する

　　　　　　Dropbox 内のファイルは、別のフォルダにコピーしたり、移動したりすることができます。コピー/移動先のフォルダを作成し、実行することもできます。

❶ コピー/移動したいファイルの右側のチェックマークをタップする。

❷ コピーする場合は［コピー］、移動する場合は［移動］をタップする。

❸ コピー/移動先のフォルダをタップして選択する。フォルダ名が表示されていない場合は、［別のフォルダを選択してください］をタップする。

❹ フォルダを選択する。

4-2 ファイルの表示、アップロード

5

[場所を設定]をタップする。

6

[コピー先]/[次へ移動]に設定したフォルダが表示されていることを確認し、[コピーを保存]/[移動]をタップする。

コピー、または移動先のフォルダを新しく作成する

フォルダ選択画面で、[フォルダを作成]をタップすると、新たにフォルダを作成することができます。

複数のファイルをまとめてコピー、移動する

一度に複数のファイルをコピーしたり移動したりすることもできます。右上の「…」をタップして[選択]を選び、複数のファイルをタップして選択したら、画面下の[コピー]/[移動]をタップしてください。

第4章 モバイルアプリを利用する

4-3 ファイルの共有、コメント

Dropboxにアップロードしたファイルは、iPhoneからも共有することができます。共有したファイルは、複数人で使用することができるため、共同作業がはかどります。また、ファイルには、コメントを付けることもできます。

4-3-1 ファイルを共有する

Dropboxでは、フォルダを他のユーザーと共有することができます。ファイルの編集まで可能にするか、閲覧だけ可能にするかを設定することもできます。

❶ 共有したいフォルダを開き、画面右上にあるアイコンをタップする。

❷ 共有の設定画面が開く。

❸ 相手のメールアドレス、名前、またはグループ名を入力する。入力中にリスト表示された場合は、クリックして選択してもよい。複数の相手も指定できる。

❹ 必要であればメッセージを入力する。

❺ ［編集可能］か［閲覧可能］を選択する。

❻ ［送信］をタップする。

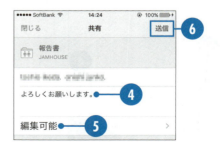

4-3-2 ファイルにコメントを付ける

共有しているファイルには、コメントを付けることができます。コメントは、ある特定の相手だけに送ることも可能です。

❶ ファイルを開き、画面下の［吹き出し］アイコンをタップする。

❷［コメントを追加］をタップする。

❸ コメントを入力する。

❹［投稿］をタップする。

❺ コメントが投稿された。

❻ コメントが付いたファイルは、［吹き出し］アイコンにコメント数が表示される。

特定の相手にコメントを送る

コメント入力欄に「@送りたい相手のメールアドレス」を入力し、［空白］か［改行］をタップすれば、コメント送付先として指定されます（入力途中に表示されるリストから選択してもかまいません）。このあと、コメントを入力し、投稿します。

4-4 個人用と企業用のDropboxを切り替える

個人用と企業用で個別のDropboxアカウントを持っている場合、モバイルアプリ内で切り替えて使うことができます。タブやメニューを切り替えるだけで、アカウント間を行き来して、ファイルへのアクセスが可能です。

4-4-1 個人用と企業用のDropboxをリンクする

個人用と企業用のDropboxを切り替えて使うには、事前にDropboxのユーザーページでアカウントをリンクする必要があります。ブラウザーソフトを使ってアクセスしたら、設定画面からリンクを実行します。

❶ ブラウザーソフトでDropboxのページを開いたら、ビジネスアカウントを使って、Dropboxのユーザーページにログインする。ユーザー名をクリックして、[設定] を選択する。

❷ [リンクする] をクリックする。

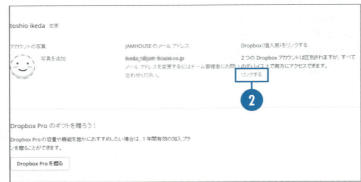

❸ [ログインしてください]をクリックし、個人アカウントとパスワードを入力して、ログインする。

❹ [個人]と企業用アカウントが選択可能になる。

リンクを解除する

個人アカウントへの切り替えを利用する必要がなくなったら、リンクを解除できます。設定画面を開いたら、[リンクを解除]をクリックします。

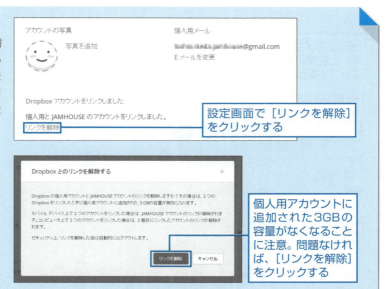

設定画面で[リンクを解除]をクリックする

個人用アカウントに追加された3GBの容量がなくなることに注意。問題なければ、[リンクを解除]をクリックする

4-4 個人用と企業用のDropboxを切り替える　211

4-4-2　個人用と企業用を切り替える

個人用と企業用のアカウントをリンクできたら、モバイルアプリ内で切り替えられるようになります。

① ［ファイル］アイコンをタップすると、［個人用］と企業用アカウント名が表示されるので、いずれかをタップする。

② タップしたアカウント内のファイルにアクセスできる。

③ ［最近］アイコンをタップすると、上側に［個人用］と企業用アカウント名のタブが表示され、タップすると切り替えられる。

Chapter 5

Dropbox Business 導入事例

Dropbox Businessは、実際にビジネスの現場で、どのように活用されているのでしょうか。いくつかの導入事例をご紹介します。利用企業の事例を見ることで、導入のきっかけや理由、メリットや使い勝手などについて、知ることができます。

- 映像作品のアップロード先として活用
- BCP対策として地震などの災害に備える
- お客様とのやりとりや社内ファイルサーバーとして活用

5-1 映像作品のアップロード先として活用

ぴあ株式会社　PFF事務局
URL https://pff.jp/

　映画監督の登竜門とも言われる映画祭「PFF（ぴあフィルムフェスティバル）」を主催するぴあ株式会社。近年では、映像制作のデジタル化が進んでいるため、応募作品のアップロード先として、Dropbox Businessを活用しています。

―― Dropbox Businessを導入したきっかけは？

　弊社が1977年から開催している「PFF（ぴあフィルムフェスティバル）」のメインプログラムである、自主制作映画のコンペティション「PFFアワード」作品募集の映像データアップロード先として、今年から使用を開始しました。映画制作はデジタル化が進んでおり、従来のDVD応募ではなく、自宅のPCから作品データをアップロードできれば、応募者にとって時間短縮になると考えたためです。

―― 数あるオンラインストレージの中で、Dropbox Businessを選んだ理由を教えて下さい

　不特定多数の応募者からエントリーされる、500〜600本もの作品のデータを事務局内部のスタッフが共有・管理できるような体制をつくれるのがDropboxでした。

―― **導入決定から、本格運用開始までの期間は？**

　データアップロードでのエントリー受け付けを決定したのが、2016年11月。本格運用開始は、試運転も含めると2017年1月からなので、約3か月間です。

　各作品データの容量は数GBと、アップにはまったく問題ない容量でしたが、複数の応募者から同時にデータがアップされる状況が出てくるので、そこが完全にクリアになるまでは不安でした。

―― **現在、導入されているアドオンツールは？**

　データアップロードでのエントリー受付を進めたかったため、「シングルサインオン」機能を導入しています。

―― **Dropbox Businessを導入してよかったと思ったことは？**

　Dropbox Businessの導入で、次のようなメリットがありました。
・容量に余裕があるので安心して使用できる。
・同時に不特定多数のアップロードが重なっても対応できる。
・Dropboxから、審査用として使用するVimeoへの映像アップロードを行う手順があるが、DropboxとVimeoが連動できるので便利。

―― **社内での評判、アドオンツールの使い勝手はいかがですか？**

　チーム内でリアルタイムに情報を共有できるので、各自が随時応募状況を把握でき、時間短縮につながっています。

―― **導入後の運用面で、何か気を付けている点があれば教えて下さい。**

　多数の動画が集まるので、運用開始前のテストは慎重に行いました。導入後は特に心配な点もなく、気をつけていることはありません。

―― **今後導入する企業へのアドバイスがあれば教えて下さい。**

　通常のデータはもちろん、容量の大きい映像データを共有するプラットフォームとして、容量面、使い勝手の面、どちらも全くストレスなく使用できるのでお薦めです。

5-2 BCP対策として地震などの災害に備える

カスタマー・コミュニケーションズ株式会社

URL http://www.truedata.co.jp/

人事総務部
大甲雅之氏

ビッグデータをマーケティングソリューションとして活用するための、データ分析などを行うカスタマー・コミュニケーションズ株式会社。Dropbox Businessは、地震など予期せぬ災害に備えるBCP対策として導入しています。

―― **Dropbox Businessを導入したきっかけは？**

ファイルサーバーなど、社内のサーバーのバックアップとしてNASを使っておりましたが、災害によるサーバールームの消失・ウイルス対策など、予期せぬ緊急事態に備えるBCP対策としては、不十分に感じていました。

―― **数あるオンラインストレージの中で、Dropbox Businessを選んだ理由を教えて下さい**

主に、次のようなことが、選定の理由です。

- 圧倒的なファイルのアップロードのスピード
- 無制限の容量（※申請ベース）
- 価格
- 豊富なビューア

―― 導入決定から、本格運用開始までの期間は？　また、導入時に悩んだ点、苦労した点があれば教えて下さい。

導入から本格運用までの期間は、約2か月になります。

サーバーに外付けハードディスクを付けて、そこにDropboxのフォルダを設定した上で、社内NASと同様にサーバーのバックアップをすることで、運用できるようになりました。

―― 現在、導入されているアドオンツールは？

「Dropboxデスクトップアプリケーション」です。バックアップしたいものを自動的に同期してくれることが理由です。

―― Dropbox Businessおよびアドオンツールを導入してよかったと思ったことは？

BCP対策が強化できたことを実感できました。これまでは、社内にサーバーを設置していたため、地震などでサーバーバックアップなどが復元不可能になるリスクと隣り合わせの中、日々運用をしてきましたが、こうした心配がなくなりよかったと思います。また、近年流行している標的型ウイルスによるファイルサーバーの感染対策も行なえたため、Dropbox Businessの導入は一石二鳥でした。

―― 導入後の運用面で何か気を付けている点があれば教えて下さい。

サーバーなどにDropbox デスクトップ アプリケーションをインストールして利用することができますが、同期が行えるのはインストールした上で「Dropboxデスクトップアプリケーション」が指定したフォルダにファイルを入れたものが対象になりますので注意が必要です。

―― 今後導入する企業へのアドバイスがあれば教えて下さい。

Dropbox Businessは無償期間があるので、その間に行いたいことを実行してみてください。

弊社では、BCP対策の強化が目的でしたが、Dropbox Businessは容量が無制限ということもあり、今後は社内のファイルサーバーなどの整理を行い、削除すべきか判断がつかないデータをアーカイブする要領で利用することもできると考えています。

5-3 お客様とのやりとりや社内ファイルサーバーとして活用

株式会社サテライトオフィス

URL http://www.sateraito.jp

　サテライト環境でビジネス支援サービスを展開する株式会社サテライトオフィス。顧客との間で大容量ファイルをやりとりしたり、社内ファイルサーバーとして利用したりするため、Dropbox Businessを導入しています。

―― **Dropbox Businessを導入したきっかけは？**

　お客様との大容量ファイルのやりとりや、社内ファイルサーバーとしての利用について、社内で不満の声が挙がっていたため、これを解消する手段として導入を決めました。

―― **数あるオンラインストレージの中で、Dropbox Businessを選んだ理由を教えて下さい。**

　プライベートでDropboxの無償版を利用しているユーザーが多く、操作方法のレクチャーが不要でした。また、大容量ファイルのアップロード時間の速さ、アップロード中にもダウンロードができるため、結果的に他サービスよりも時間短縮ができたことなどが理由です。

―― **導入決定から、本格運用開始までの期間は？　また、導入時に悩んだ点、苦労した点があれば教えて下さい。**

　約1か月ほどとなります。導入につきましてはほぼ即決だったと思います。
　苦労した点は、価格のインパクトでした。社内承認が取りづらかったですが、実際に触ってみてもらい、承認を得た形となります。

―― 現在、導入されているアドオンツールは？　導入された理由は？

　自社製品となりますが、シングルサインオンを部分導入中です。クラウドサービス＋ふだん利用しているツールということで、セキュリティ面に不安がありましたので、利用環境／端末の制御を行っています。社内メンバーは基本的に社内IPアドレスからの利用のみ許可しています。

―― Dropbox Businessおよびアドオンツールを導入してよかったと思ったことは？

　アップロードスピードとプレビューの正確性が飛躍的に向上したため、確認作業に時間がかかることがなくなったと感じます。

　また、プレビューに対するコメント＋メモ機能によって、これまでは都度チャットやメールで連絡していたやりとりをファイル上に残しつつ共有ができるようになりました。それにより、共有情報の正確性が増したと思います。

―― 社内での評判、アドオンツールの使い勝手はいかがですか？

　やはりスピードと使い勝手の良さは好評です。

　また、Web上のファイルの一部だけをPCへ同期することができるため、ローカルで作業することの少ないメンバーのPCへの負担が減ったと思います。

―― 導入後の運用面で、何か気を付けている点があれば教えて下さい。

　利用環境の制限です。

　クラウドを扱う企業ですので、リテラシーはある程度メンバーにまかせていますが、必要メンバー以外は環境を制限することで、セキュリティを担保する必要があると考えています。

―― 今後導入する企業へのアドバイスがあれば教えて下さい。

　まずは検証を行うことをお薦めいたします。

　カタログスペックですと、他製品のほうが優位に見える部分もありましたが、実務に照らし合わせて利用して、はじめて利便性の高さに気づきました。

Dropbox Business の導入事例をさらにチェック

　Dropbox Businessの活用について、本書で紹介したのはほんの一例です。現在では世界で20万社が利用しているこのサービスについて、より多くの事例を見たい場合には、以下のWebページもご参照ください。

URL https://www.dropbox.com/business/customers

索引

数字

2段階認証
　設定 ·· 93, 163
　ログイン方法 ··· 96, 165

英字

Dropbox Basic ··· 6
Dropbox Business ······································ 6, 7
Dropbox Business Advanced ························· 6
Dropbox Business Enterprise ························ 6
Dropbox Business Standard ························· 6
Dropbox Paper ·· 78
Dropbox Plus ··· 6
Dropboxアカウントを持っていない人が招待されたときの
　設定 ··· 132
Dropboxアカウントを持っている人が招待されたときの
　設定 ··· 134
Dropbox デスクトップアプリ ······················ 110
　スマートシンクの設定 ······························ 113
　同期フォルダの指定 ································· 112
WebサイトのURLの共有 ······························ 61

あ行

アプリとのリンク ··· 99
オンラインストレージ ···································· 2

か行

管理コンソール ·· 8
　アーカイブしたチームフォルダの復元と完全削除 ······ 144
　管理者権限を他のメンバーに追加する ········ 136
　共有方法の変更 ·· 182
　共有リンクのロゴ登録 ······························ 190
　コメント追加の禁止 ································· 185
　削除メンバーの復元 ································· 162
　支払い方法の変更 ···································· 194
　使用デバイス台数の制限 ························· 176
　シングルサインオンの有効化 ·················· 179
　スマートシンクの設定 ····························· 186
　請求書・領収書の確認 ····························· 196
　チームフォルダのアーカイブ ·················· 143
　チームフォルダの作成 ····························· 139
　チームフォルダの作成アクセス権の設定 ······· 141
　チーム名の変更 ·· 188
　同一パソコンでの個人用/企業用アカウントの使用禁止
　··· 178
　ファイル完全削除の禁止 ························· 184
　ファイルリクエスト機能の無効化 ············ 174
　紛失デバイスに対する同期停止とファイル削除 ········ 157
　ヘルプの確認 ·· 128
　メンバーのDropboxの使用停止 ··············· 159
　メンバーのDropboxの使用停止解除 ········ 160
　メンバーの活動のレポート作成 ··············· 149
　メンバーの活動履歴の確認 ······················ 146
　メンバーのグループ作成の禁止 ··············· 173
　メンバーの削除 ·· 161
　メンバーの招待 ·· 131
　メンバーの代理でログイン ······················ 138
　メンバーのパスワードのリセット ············ 171
　メンバーへの2段階認証の強制 ················ 163
　メンバーへの2段階認証の強制の無効化 ····· 168
　メンバーへの2段階認証のリセット ········ 170
　呼び出し ··· 122
　ライセンスの追加 ···································· 193
　企業管理グループからユーザー管理グループへの
　　切り替え ··· 155
　企業管理グループの作成 ························· 151
　企業管理グループのメンバーの削除 ······· 153
　企業管理グループへのメンバーの追加 ······ 152
企業管理グループ
　作成 ··· 151
　メンバーの削除 ·· 153
　メンバーの追加 ·· 152
　ユーザー管理グループへの切り替え ······· 155
クラウド ·· 2
クラウドストレージ ·· 2
個人用と企業用のDropboxのリンク ·········· 107

さ行

サポート管理者 ··· 127

シャドウIT ……………………………………… 6
シングルサイノン ……………………………… 179
ストレージ容量の確認 ………………………… 106
スマートシンク ……………………………… 9, 114

た行

チーム管理者 …………………………………… 127
チームフォルダ ………………………………… 139

は行

パスワードの変更 ……………………………… 103
パスワードのリセット ………………………… 104
ファイル
　アップロード（[ファイルを選択] から） …… 27
　アップロード（ドラッグ&ドロップ） ……… 26
　移動とコピー …………………………………… 36
　移動とコピーの取り消し ……………………… 37
　コメントの解決 ………………………………… 73
　コメントの追加 ………………………………… 71
　コメントへの返信 ……………………………… 72
　削除 ……………………………………………… 34
　削除ファイルの完全削除 ………………… 44, 48
　削除ファイルの表示 ……………………… 41, 45
　削除ファイルの復元 ……………………… 42, 47
　ステッカーの投稿 ……………………………… 73
　特定の相手へのコメントの追加 ……………… 74
　特定の場所へのコメントの追加 ……………… 76
　ファイルの共有 ………………………………… 54
　プレビュー ……………………………………… 29
　プレビュー可能なファイル形式 ……………… 31
　履歴の復元 ……………………………………… 39
　リンクによるファイル共有 …………………… 56
ファイルリクエスト
　アップロードファイルの確認 ………………… 68
　無効化 ………………………………………… 174
　リクエストに従ったファイルのアップロード … 66
　リクエストの相手の追加 ……………………… 69
　リクエストの再開 ……………………………… 70
　リクエストの終了 ……………………………… 70
　リクエストの送信 ……………………………… 64
フォルダ
　移動とコピー …………………………………… 24
　移動とコピーの取り消し ……………………… 25
　共有フォルダからのメンバーの削除 ………… 60

　共有フォルダの権限変更 ……………………… 58
　削除 ……………………………………………… 23
　削除フォルダの完全削除 ………………… 44, 48
　削除フォルダの表示 ……………………… 41, 45
　削除フォルダの復元 ……………………… 42, 47
　作成 ……………………………………………… 19
　チームフォルダ ………………………………… 18
　通常のフォルダ ………………………………… 18
　名前の変更 ……………………………………… 21
　フォルダの共有 ………………………………… 50
　リンクによるフォルダ共有 …………………… 56
プロフィール写真の削除 ……………………… 102
プロフィール写真の登録 ……………………… 100
紛失デバイスに対する同期停止とファイル削除 …… 97, 157

ま行

無料トライアル ………………………………… 14
モバイルアプリ ………………………………… 199
　カメラ画像のアップロード ………………… 203
　個人用と企業用のDropboxの切り替え …… 212
　個人用と企業用のDropboxのリンク ……… 210
　コメントの追加 ……………………………… 208
　ファイルのアップロード …………………… 202
　ファイルの共有 ……………………………… 207
　ファイルのコピーと移動 …………………… 204
　ファイルのプレビュー ……………………… 201

や行

ユーザー管理者 ………………………………… 127
ユーザー管理グループ
　グループマネージャーに指定 ………………… 90
　グループ名の変更 ……………………………… 87
　削除 ……………………………………………… 89
　作成 ……………………………………………… 79
　参加のリクエスト ……………………………… 82
　退会 ……………………………………………… 84
　メンバーの削除 ………………………………… 86
　メンバーの追加 ………………………………… 81

ら行

連絡先のインポート …………………………… 53

著者・監修者紹介

著者

井上 健語（いのうえ けんご）

フリーランスのテクニカルライター。オールアバウトの「Wordの使い方」「パソコンソフト」のガイドも担当。初心者向け記事から技術解説記事、企業取材記事まで幅広く手がける。近著は「Windowsタブレット活用ガイド Windows10対応版」（日経BP社）など。
個人サイト：http://www.makoto3.net/

池田 利夫（いけだ としお）

株式会社ジャムハウス代表。技術系書籍や雑誌の執筆・編集などを行う。「学んで作る！一太郎2017使いこなしガイド」「デジタルで教育は変わるか」（ジャムハウス刊）などの編集を担当。
Webサイト：http://www.jam-house.co.jp/
Webメディア：http://www.mono-box-media.com/

岡本 奈知子（おかもと なちこ）

株式会社ジャムハウス所属。IT関連の書籍や雑誌の執筆・編集などを行う。「学んで作る！花子2017使いこなしガイド」（ジャムハウス刊）などの編集を担当。

監修者

株式会社サテライトオフィス

クラウド環境またはサテライト環境でのビジネス支援に特化したインターネットシステムソリューションベンダー。あらゆるビジネスモデルに最適なソリューションパッケージにより、ユーザーの立場に立った戦略の企画・提案を行っている。また、「サテライトオフィス・プロジェクト」というプロジェクト体制のもと、Dropbox Businessのほか、G Suite、Office365、LINE WORKSなど、クラウドコンピューティングに関わるビジネスの可能性を追求している。

●本書についてのお問い合わせ方法、訂正情報、重要なお知らせについては、下記Webページをご参照ください。なお、本書の範囲を超えるご質問にはお答えできませんので、あらかじめご了承ください。

　　　　　http://ec.nikkeibp.co.jp/nsp/

●ソフトウェアの機能や操作方法に関するご質問は、ソフトウェア発売元の製品サポート窓口へお問い合わせください。

誰でもできる！Dropbox Business導入ガイド

2017年4月17日　初版第1刷発行

著　　者	井上 健語、池田 利夫、岡本 奈知子	
監　　修	株式会社サテライトオフィス	
発　行　者	村上 広樹	
編　　集	田部井 久	
発　　行	日経BP社 東京都港区白金1-17-3　〒108-8646	
発　　売	日経BPマーケティング 東京都港区白金1-17-3　〒108-8646	
装　　丁	コミュニケーションアーツ株式会社	
DTP制作	株式会社シンクス	
印刷・製本	図書印刷株式会社	

本書に記載している会社名および製品名は、各社の商標または登録商標です。なお、本文中に™、®マークは明記しておりません。
本書の例題または画面で使用している会社名、氏名、他のデータは、一部を除いてすべて架空のものです。
本書の無断複写・複製（コピー等）は著作権法上の例外を除き、禁じられています。購入者以外の第三者による電子データ化および電子書籍化は、私的使用を含め一切認められておりません。

©2017 Kengo Inoue、Toshio Ikeda、Nachiko Okamoto
ISBN978-4-8222-9659-9　Printed in Japan